출발! 초대받은 식물 찾아 한 바퀴

도시
나무·꽃
탐험대

손연주, 박민지, 안현지 지음   김홍희 세밀화   김완순 감수

주니어 RHK

차례

도시에 초대받은 식물이라고?	4
새로운 탐험대원을 소개할게!	6
식물이 도시에 초대받은 이유는?	8
궁금해! 조경 식물과 원예 식물	10
알려 줘! 풀과 나무 구별법	12
식물 이름에도 규칙이 필요해!	14

도시에 초대받은 나무

가이즈카향나무	16
남천	18
느티나무	20
단풍나무	22
라일락	24
가로수가 도시에 오기까지	26
리기다소나무	28
메타세쿼이아	30
무궁화	32
배롱나무	34
백목련	36
다양한 나라의 다양한 가로수	38
백합나무	40
사철나무	42
산수유	44
산철쭉	46
서양측백	48
도시의 역사와 함께해 온 가로수	50
스트로브잣나무	52
양버즘나무	54
왕벚나무	56
은행나무	58
이팝나무	60
잘리고 꺾이고! 가로수는 서러워	62
주목	64
쥐똥나무	66
화살나무	68
회양목	70
회화나무	72
지키자! 소중한 생물 자원	74

도시에 초대받은 꽃

가자니아	76
금어초	78
꽃베고니아	80
꽃양귀비	82
꽃양배추	84
정원의 역사와 함께해 온 꽃	86
데이지	88
디기탈리스	90
로즈마리	92
루드베키아	94
루피너스	96
사계절 내내 볼 수 있는 도시의 꽃	98
맨드라미	100
물망초	102
백묘국	104
샐비어	106
샤스타데이지	108
뜨거운 지구, 식물이 위험해!	110
서양톱풀	112
수선화	114
아프리카봉선화	116
아프리칸메리골드	118
일일초	120
침입자가 된 초대받은 식물	122
제라늄	124
콜레우스	126
패랭이꽃	128
팬지	130
페튜니아	132
도시 나무·꽃 탐험을 마치며	134
찾아보기	136

일러두기

- 정명은 국가표준식물목록을 따랐으나, 정명보다 일반적으로 두루 쓰이는 이름으로 더 익숙한 일부 식물은 예외로 하였습니다. 이런 경우에는 이름의 유래와 함께 정명을 밝혀 두었습니다.
- 학명은 국가표준식물목록을 따랐으나, 일부 원예종의 경우에는 대표종의 학명을 소개하였습니다.
- 과명은 전문적인 고유 명사로 보아 한글 맞춤법이 아닌 국가표준식물목록을 따랐습니다.

탐험을 시작하기 전에

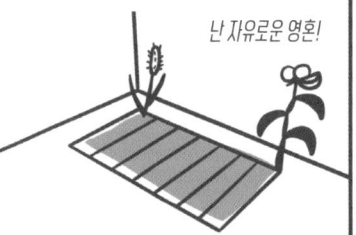
《도시 식물 탐험대》에서는 초대받지 않았지만, 도시 구석구석에서 꿋꿋이 살아가는 식물을 탐험했잖아.

난 자유로운 영혼!

그러다 보니 사람들이 화단에 심은 화려한 꽃과

Hola! Hi~ yo!

길거리에 줄지어 심은 나무도 궁금해졌어.

사람들이 심은 걸 보면 분명 초대받은 식물일 텐데… 왜 이곳까지 온 걸까?

여행이다!

한국

좋은 질문이야! 그럼 이번에는 도시에 초대받은 나무와 꽃을 탐험해 보자!

재밌겠다!

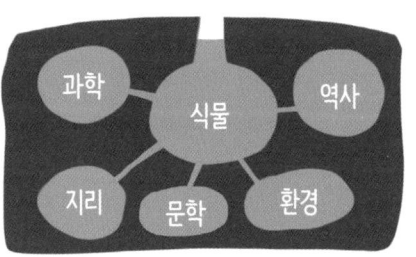
이번에도 여러 분야를 함께 넘나들 거야.

과학 · 식물 · 역사 · 지리 · 문학 · 환경

탐험을 시작하기 전에

탐험을 시작하기 전에

탐험을 시작하기 전에

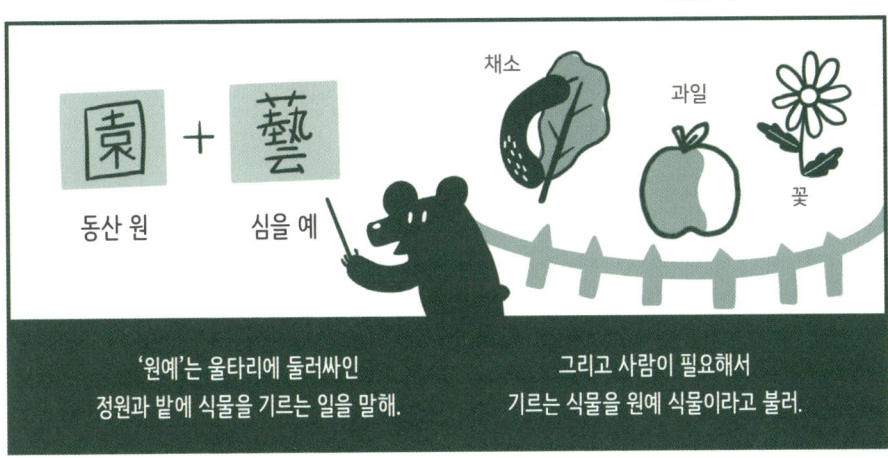

'원예'는 울타리에 둘러싸인 정원과 밭에 식물을 기르는 일을 말해.

그리고 사람이 필요해서 기르는 식물을 원예 식물이라고 불러.

사과가 커졌네!
당근이 굵어졌어!
와, 이 꽃은 크고 화려해졌네!

원예 식물은 사람의 필요에 따라 긴 시간 동안 개량됐어. 채소와 과일은 더 달고 커졌지.

산과 들에 자라던 식물의 꽃은 더 크게, 더 예쁘게, 더 오래 피었고.

아! 그래서 식물에 관한 책에 '조경', '원예'라는 말이 나오는 거구나!

맞아, 그렇지!

알아 두자. 초대받은 식물은 모두 조경 식물이자 원예 식물이라는 사실!

알려 줘! 풀과 나무 구별법

탐험을 시작하기 전에

나무의 특징

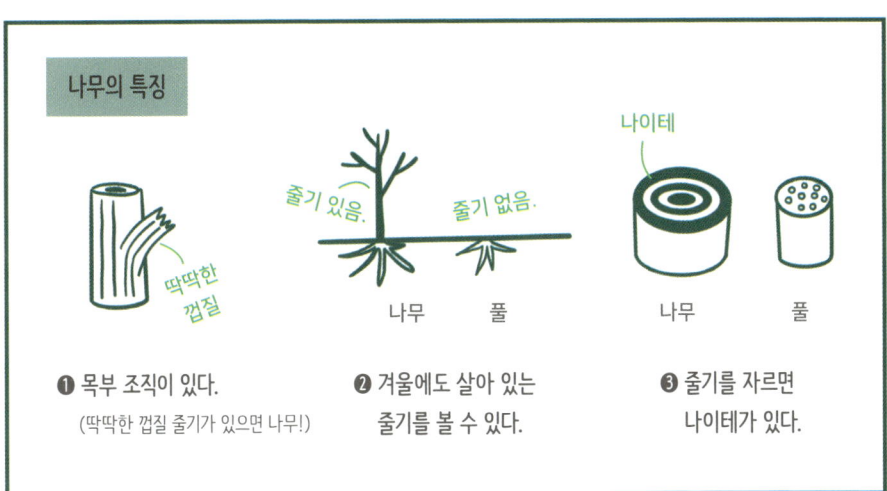

❶ 목부 조직이 있다.
(딱딱한 껍질 줄기가 있으면 나무!)

❷ 겨울에도 살아 있는 줄기를 볼 수 있다.

❸ 줄기를 자르면 나이테가 있다.

웅의 식물 퀴즈

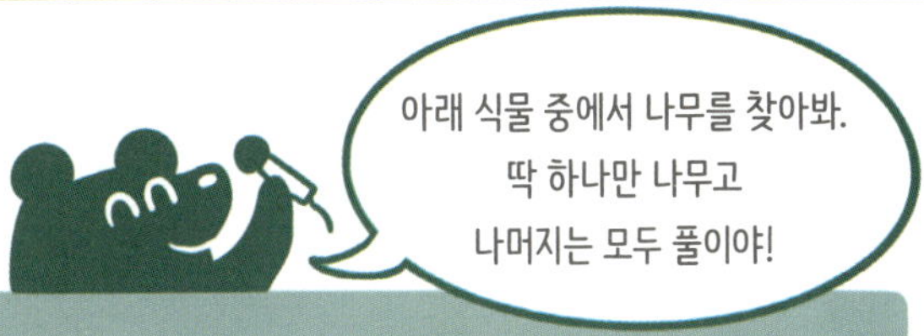

아래 식물 중에서 나무를 찾아봐.
딱 하나만 나무고
나머지는 모두 풀이야!

| 바나나 | 대나무 | 야자수 |
| 선인장 | 장미 | 수련 |

정답은 장미! 야자수와 바나나는 목부 조직과 나이테가 없어. 대나무도 나이테가 없지.

13

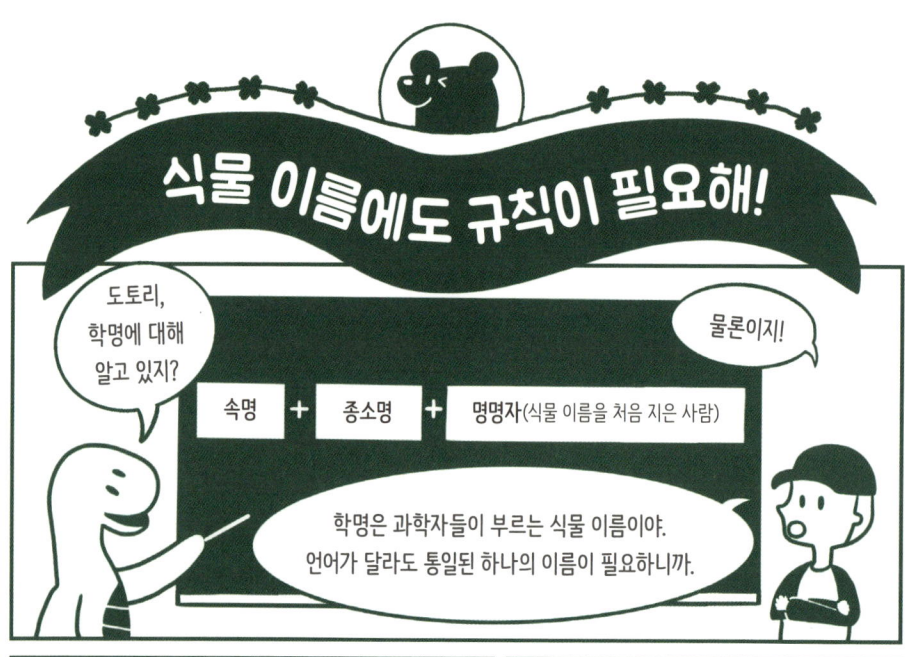

탐험을 시작하기 전에

결국 하나의 종만 설명하기에는 비슷한 식물이 너무 많아져서 더 넓은 범위인 속으로 묶어서 부르는 거야.

우리는 모두 장미!

우리가 '장미'라고 부르는 식물은 실은 장미 그룹에 속한 식물을 뜻해. 이름이 '장미'인 종은 없는 거지.

더 쉽게 예를 들어 볼까? 손가락을 보여 줘 봐.

어떤 손가락? 엄지? 검지?

헷갈릴 만해! 손가락은 하나의 손가락이 아닌 다섯 손가락 모두를 부르는 이름이니까.

우리는 모두 개!

개도 마찬가지야. 푸들, 몰티즈, 진돗개 등 여러 품종이 있지만, '개'라는 이름의 종이 있는 건 아니잖아.

그러니까 속명과 명명자로만 이루어진 학명은 엄지손가락이 아니라 '손가락'을, 푸들이 아니라 '개'를 설명하는 거지.

다 이해했다고 생각했는데… 학명의 세계란!

계속 탐험하다 보면 익숙해질 거야! 이제 도시에 초대받은 나무를 알아볼까?

가이즈카향나무

Juniperus chinensis 'Kaizuka'

열매

- 측백나무과
- 꽃 피는 때 : 4월
- 발견할 수 있는 장소 : 아파트 화단, 학교 화단, 공원

향나무는 목재에서 향이 난다고 해서 붙은 이름이야. '가이즈카'는 일본 오사카 남쪽의 도시 이름이기도 하고, 조개더미를 뜻하는 일본어이기도 해. 일본 이름의 성이기도 하고. 어디에서 유래한 것인지는 정확하게 밝혀지지 않았어. 나무의 줄기와 가지가 나선형으로 회전하는 듯한 모습 때문에 '나사백'이라고도 부른대. 정식 이름은 향나무 '가이즈카'야.

식물의 특징 향나무의 잎은 끝이 뾰족한 바늘잎이지만, 가이즈카향나무에는 바늘잎이 거의 없어. 끝이 둥글고 부드러운 비늘잎이 달려 있지. 가이즈카향나무는 건조한 환경에서도 잘 살아남고 대기 오염에도 강해. 또 성장 속도는 느리지만, 관리하지 않아도 모양이 잘 잡히는 데다 잎이 빽빽하게 자라서 조경수나 울타리 용도로 많이 심지. 가이즈카향나무를 두고 우리나라에서는 일제의 잔재이니 베어 내자는 주장과 향나무의 한 종류일 뿐 일본 특산종은 아니라는 주장이 맞서고 있어.

신기한 사실 사과나 배 과수원에서는 2km 이내에 향나무 종류를 심지 않아! 겨우내 향나무에 붙어 있던 병균 포자가 5월경 비가 내린 뒤 바람을 타고 과수원으로 날아가서 사과나무나 배나무를 병들게 하거든. 잎과 열매에 붉은색 반점이 생기고 결국 말라 죽게 해. 그런데 사실 이 병균은 사과나무나 배나무에서 온 거야. 둘 사이에서 병균이 돌고 도는 셈이지.

남천

Nandina domestica Thunb.

꽃 열매

- 매자나무과
- 꽃 피는 때 : 6~7월
- 발견할 수 있는 장소 : 담장이나 울타리 둘레

옛날 중국 남부 지방에서 남천축으로 불리다가 우리나라로 들어와 남천이 되었다고 해. 겨울철 가지에 달린 붉은 열매가 촛불을 닮아서 남천촉, 줄기가 대나무처럼 보여서 남천죽으로도 불렸대. 영어 이름은 'Sacred bamboo', 즉 '신성한 대나무'라는 뜻이야.

식물의 특징 남천은 빛이 부족해도 잘 자라고 공기 정화 효과도 있어서 도시에 심기에 알맞아. 여름에 꽃을 피우고 가을에는 잎이 붉게 물들면서 열매를 맺지. 붉은 열매가 겨우내 달려 있어서 관상용으로 주로 심어.

재밌는 사실 예로부터 동양에서는 붉은색이 나쁜 기운을 물리친다고 여겼어. 일본에서는 붉게 물든 잎과 열매 때문에 남천을 귀신 쫓는 나무라고 생각해 집의 출입구나 화장실 근처에 심었대. 중국의 진시황은 남천 줄기로 젓가락을 만들어 썼다고 하고.

건강한 사실 뿌리, 줄기, 열매, 잎 등 모든 부분에 독성이 있지만 적당한 양을 주의해서 사용하면 남천은 좋은 약이 돼. 특히 열매는 기침약으로 쓰이고 잎에는 가래를 가라앉히는 성분이 들어 있어. 일본에서는 음식이 상하는 것을 막기 위해 남천 잎을 생선회 아래 깔거나, 밥 위에 얹는 풍습이 전해 온대. 실제로 잎에 함유된 성분이 밥의 열, 수분과 반응하면 독성 물질이 만들어지는데, 아주 적은 양이라 사람에게는 해를 끼치지 않으면서 음식의 부패는 막아 준다고 해.

느티나무 *Zelkova serrata* (Thunb.) Makino

열매

- 느릅나무과
- 꽃 피는 때 : 4~5월
- 발견할 수 있는 장소 : 도로 가장자리, 마을 입구

한자로 '홰나무 괴'자를 써서 '괴목'이라고도 불려. 누런 단풍을 보고 '누런 홰나무'를 뜻하는 '눌홰나무'라고 부르다가 느티나무가 되었다고 해. 또 멋진 자태가 늦게 티가 난다고 해서, 멀리서 봐도 늘 티가 난다고 해서 느티나무라고 불렸다고도 해.

식물의 특징 느티나무는 무척 오래 살아. 우리나라에는 수령(나무의 나이)이 1000년이 넘은 것만 해도 25그루나 있지. 잎이 풍성하고 나무의 모양이 아름다운 데다 그늘을 넓게 드리워서 예로부터 정자나무로 많이 심었어. 마을 입구에 서 있는 오래되고 큰 나무들이 대부분 느티나무야.

재밌는 사실 우리 선조들은 느티나무를 신령하게 여겨 마을을 지키는 당산나무로 심었어. 봄에 느티나무의 잎이 한꺼번에 나면 그해 농사가 풍년, 그러지 않으면 흉년일 거라고 점치기도 했고. 또 가지를 함부로 꺾으면 재앙이 닥친다고 믿었대. 한편 느티나무는 쓰임새도 많아. 우리나라의 3대 전통 가구 재료로 꼽힐 만큼 질이 훌륭한 목재거든. 삼국 시대부터 임금의 관을 만드는 데 쓰였지. 부석사 무량수전이나 팔만대장경판이 보관된 해인사 법보전의 기둥도 느티나무로 만들어졌어.

맛있는 사실 부처님의 탄생을 기념하는 사월 초파일(음력 4월 8일)에는 느티나무의 어린잎으로 느티떡을 해 먹는 풍습이 전해 내려와. 쌀가루에 버무린 잎과 껍질을 벗긴 팥고물을 켜켜이 쌓은  다음 쪄서 만들지. 이렇게 만든 느티떡과 함께 볶은 콩, 삶은 미나리를 손님에게 내어 주었대.

단풍나무 *Acer palmatum* Thunb.

열매

- 단풍나무과
- 꽃 피는 때 : 5월
- 발견할 수 있는 장소 : 도로 가장자리, 아파트 화단, 정원

한자로 '붉을 단' 자, '단풍나무 풍' 자를 써. '붉게 변한 단풍나무'라는 뜻이야. 붉게 물든 단풍잎이 가장 인상적이어서일까? 나뭇잎이 빨갛고 노랗게 물드는 현상을 아울러 단풍이라고 하잖아.

식물의 특징 같은 단풍나무라도 단풍잎의 색깔은 해마다 달라져. 일교차가 크고 비가 적당히 올수록 아름다운 단풍이 들지. 잎 뒷면의 흰 털 때문에 은빛 녹색을 띠는 은단풍, 잎의 모양이 공작새의 깃털을 닮은 공작단풍, 수액이 건강에 좋다고 잘 알려진 고로쇠나무, 잎이 날 때부터 붉은색을 띠도록 개량한 홍단풍(노무라단풍) 등 우리나라에만 10종이 넘는 단풍나무과의 식물이 있어.

신기한 사실 특이하게도 단풍나무 열매에는 날개가 달려 있어. 헬리콥터의 프로펠러처럼 날개가 바람을 타고 빙글빙글 돌며 멀리 날아가는데, 최대 100m까지도 날아갈 수 있대. 씨앗을 멀리까지 퍼뜨리기 위한 단풍나무의 전략인 거지. 가을에 길을 걷다가 단풍나무 열매를 발견하면 바람에 날려 봐.

맛있는 사실 캐나다 국기에 그려진 단풍잎은 단풍나무의 사촌인 설탕단풍의 잎이야. 당분이 아주 많은 이 단풍잎의 수액으로 메이플 시럽을 만들지. 일본 교토에 가면 가을의 맛이 가득

한 단풍잎튀김을 맛볼 수 있어. 단풍잎을 1년 동안 소금에 절였다가 튀김옷을 묻혀 기름에 튀기면 완성!

라일락

Syringa vulgaris L.

- 물푸레나무과
- 꽃 피는 때 : 4~5월
- 발견할 수 있는 장소 : 아파트 화단, 학교 화단, 공원, 정원

라일락의 영어 이름인 'Lilac'은 푸른빛을 내는 페르시아의 염료 식물 'lilanj'에서 유래했어. 영어 이름으로 잘 알려져 있지만, 라일락의 정식 이름은 서양수수꽃다리라는 사실! '서양에서 온 수수꽃다리'라는 뜻이야. 수수꽃다리는 우리나라 자생종으로, 꽃이 수수 이삭처럼 탐스럽게 뭉쳐서 핀 것을 보고 붙인 순우리말 이름이지.

식물의 특징 라일락의 고향은 유럽의 발칸반도 지역이야. 보랏빛 꽃이 아름답고 향기가 좋아서 지금은 전 세계에서 조경수로 사랑받고 있어. 4~5월경 아파트나 공원, 거리를 걷다 보면 달콤하면서도 독특한 라일락 향기를 맡을 수 있지. 수수꽃다리는 원래 북한에서만  자생하는 식물이야. 더위에 아주 약하거든. 현재 우리나라에서 볼 수 있는 수수꽃다리는 남북 분단 전에 북한에서 옮겨 와 심은 거라고 해.

신기한 사실 라일락 품종 가운데 가장 인기 있는 것은 미국의 '미스김 라일락'이야. 참 아리송하지? 이름만 봐서는 우리 토종 식물 같은데, 미국의 식물이라니. 우리나라에 와 있던 한 미국인이 수수꽃다리의 친척인 털개회나무를 미국으로 가져가 원예종으로 기르면서 미스김라일락이라는 이름을 붙였기 때문이지. 우리 토종 식물을 미국에서 수입해야 하다니, 정말 안타까운 일이야.

재밌는 사실 속명 *Syringa*는 '파이프', '튜브'를 뜻하는 고대 그리스어에서 왔어. 라일락의 줄기 속이 빨대처럼 비어 있거든. 실제로 옛날에는 속이 빈 라일락의 줄기로 피리, 담배 파이프 등을 만들어 썼대.

리기다소나무 *Pinus rigida* Mill.

열매

- 소나무과
- 꽃 피는 때 : 5월
- 발견할 수 있는 장소 : 도로 가장자리, 아파트 화단, 건물 앞 정원

리기다소나무는 보통의 식물들이 살아남기 힘든 척박한 땅에서도 잘 견딜 만큼 아주 강인한 나무야. '단단한'이라는 뜻의 종소명 *rigida*를 그대로 가져와 이름 붙일 만하지?

식물의 특징 리기다소나무는 1907년경 미국 대서양 연안에서 우리나라로 처음 들어왔어. 토종 소나무와 구별하는 방법을 알려 줄게. 먼저 잎을 보면 돼. 토종 소나무의 잎은 2가닥씩, 리기다소나무의 잎은 3가닥씩 모여서 나거든. 더 쉽게 구별할 수 있는 방법이 있어. 나무 몸통 여기저기에서 잎이 뭉쳐 돋아났다면? 그게 바로 리기다소나무야!

신기한 사실 리기다소나무는 해충과 추위, 척박한 환경에 강하지만, 목재로 쓰기에는 질이 좋지 않아서 값싼 펄프 재료나 연료 정도로만 사용됐어. 반면 테에다소나무는 성장 속도가 빠르고 줄기가 곧지만, 추위에 약해서 남부 지방에만 심

을 수 있었지. '나무 영웅'으로 불린 현신규 박사는 두 소나무의 이러한 특성을 이용해 새로운 품종 '리기테에다소나무'를 개발했어. 리기다소나무와 리기테에다소나무는 일제의 수탈과 한국 전쟁으로 인해 헐벗고 황폐해진 산을 다시 푸르게 만드는 데 아주 큰 역할을 했지.

메타세쿼이아 *Metasequoia glyptostroboides* Hu & W.C.Cheng

안 익은 열매   익은 열매

- 측백나무과
- 꽃 피는 때 : 2~3월
- 발견할 수 있는 장소 : 도로 가장자리, 아파트 주변 도로, 산책로

세쿼이아는 아메리카 원주민 체로키족 추장의 이름이야. 체로키어를 만든 그를 기리려고 지역의 거대하고 오래된 나무 종류에 세쿼이아라고 이름 붙였대. 메타세쿼이아는 세쿼이아와 비슷하지만, 그보다 나중에 발견된 나무여서 '이후의'라는 뜻의 '메타(meta)'를 붙인 거고.

식물의 특징 메타세쿼이아는 2000년도 넘게 살아. 1년에 약 91cm씩 빠르게 성장해서 100m도 넘게 자라지. 사시사철 잎이 푸른 세쿼이아와 달리, 낙엽을 떨구고 겨울을 나는 '낙엽침엽수'야.

신기한 사실 이름과 달리 메타세쿼이아가 세쿼이아보다 훨씬 더 먼저 지구에 살기 시작했어. 공룡이 살았던 중생대부터 신생대까지 살았다고 해. 화석으로만 남아 있던 탓에 멸종됐다고 생각했는데, 놀랍게도 1941년 중국에서 실제 나무가 발견되었어. 야생에 4000그루 정도만 남아

있던 것을 본격적으로 키우기 시작하면서 메타세쿼이아는 전 세계로 퍼져 나갔지. 우리나라에서는 경상북도 포항에서 메타세쿼이아 화석이 발견되었어.

재밌는 사실 중국 장쑤성에는 세계에서 가장 긴 메타세쿼이아 길이 있어. 60km 길이로, 메타세쿼이아가 500만 그루 넘게 늘어서 있다고 해. 우리나라에도 전라남도 담양에 8.5km 길이의 메타세쿼이아 길이 펼쳐져 있다는 사실!

무궁화 *Hibiscus syriacus* L.

- 아욱과
- 꽃 피는 때 : 8~9월
- 발견할 수 있는 장소 : 도로 가장자리, 아파트 화단, 학교 화단, 공원

예로부터 목근화, 순화, 훈화초 등 여러 이름으로 불렸는데, 그 가운데 목근화가 변해서 무궁화가 되었다고 해. 고려 시대에 이규보가 쓴 《동국이상국집》에 무궁화라는 이름이 처음 등장하지. '무궁'은 '끝이 없다'는 뜻이야. 실제로 무궁화는 여름부터 가을까지 끝없이 꽃을 피워.

대한민국을 상징하는 문장에 무궁화가 있지!

식물의 특징 무궁화의 꽃은 대부분 아침에 피었다가 하루 만에 송이째 떨어져. 하지만 새로운 꽃들이 계속 피어나서 오랫동안 피어 있는 것처럼 보이는 거지. 무궁화는 대한민국을 대표하는 국화인 만큼 품종이 다양하고 흰색, 분홍색, 빨간색, 보라색 등 꽃의 색깔과 무늬도 여러 종류야. 꽃잎의 형태도 홑겹, 반 겹 등으로 다양하고. 또 번식력이 강하고 척박한 환경에서도 잘 살아서 정원수나 울타리용으로 많이 심어.

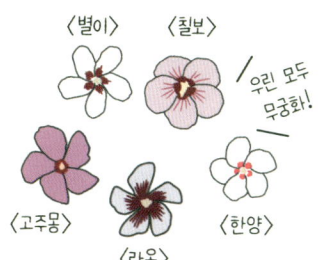

우린 모두 무궁화!

신기한 사실 고대 중국의 지리책 《산해경》에는 이런 기록이 있대. "군자의 나라에 훈화초가 있는데 아침에 피었다가 저녁에 진다." 여기서 말하는 군자의 나라란 고조선을 뜻해. 무궁화는 우리 땅에서 우리 민족과 수천 년을 함께해 온 꽃인 거야.

건강한 사실 서양에서는 오래전부터 건강을 위해 무궁화가 속한 히비스커스 속 식물들로 차를 만들어 마셨어. 고대 이집트에서는 히비스커스의 꽃을 달여 혈압을 낮추는 약으로 먹었는데, 실제로도 효과가 있다고 알려져 있어.

배롱나무 *Lagerstroemia indica* L.

- 부처꽃과
- 꽃 피는 때 : 8~9월
- 발견할 수 있는 장소 : 도로 화단, 아파트 화단, 공원, 절 주변, 고택

초여름부터 100일 동안 붉은 꽃을 피운다고 하여 백일홍나무(국화과의 꽃 백일홍과는 달라!)라고 불렀는데, 발음이 변하며 배롱나무가 되었대. 꽃이 오래 피어 있다는 특징 때문에 절개, 지조, 충절과 효를 상징해.

식물의 특징 같은 꽃이 100일 내내 피어 있는 것은 아니고 새로운 꽃들이 끊임없이 피고 져. 배롱나무의 고향은 중국이야. 우리나라에서는 절과 서원, 정자 주변에 관상용으로 주로 심었어. 원래 배롱나무는 추위에 약하기 때문에 중부 지방에서는 겨울에 줄기를 짚으로 싸 줘야 해. 하지만 요즘 지구 온난화로 날씨가 점점 따뜻해지고 있어서 짚으로 싸지 않아도 겨울을 견디는 배롱나무가 늘어나고 있어.

재밌는 사실 배롱나무의 별명은 무척이나 특이해. 바로 '간지럼나무'야. 줄기를 살살 문지르면 가지부터 잎까지 흔들리는데, 이 모습이 마치 나무가 가지럼을 타는 것 같아 보이거든. 일본에서는 원숭이도 떨어질 만큼 줄기가 매끄럽다고 해서 '원숭이미끄럼나무'라고도 불린대.

건강한 사실 배롱나무의 붉은 꽃은 약재로 쓰여. 혈액 순환을 활발하게 해 주고 설사와 장염 치료에도 효과가 있대. 또 피를 멈추는 데 효능이 있어서 지혈제로도 쓰인다고 해.

백목련 *Magnolia denudata* Desr.

열매

- 목련과
- 꽃 피는 때 : 3~4월
- 발견할 수 있는 장소 : 아파트 화단, 학교 화단, 공원

목련의 한자를 풀이하면 '나무에 피는 연꽃'이라는 뜻이야. 새하얀 꽃이 피어 백목련이 된 거지. 꽃봉오리가 붓처럼 생겼다고 해서 목필, 꽃이 북쪽을 향해 피어서 북향화라고도 불려.

식물의 특징 우리가 흔히 '목련'으로 알고 있는 나무는 대부분 중국이 고향인 백목련이야. 꽃이 아름다운 데다 추위와 공해에 강해서 학교, 아파트 등 우리 주변에서 쉽게 볼 수 있어. 우리나라에서 자생하는 나무가 바로 '목련'인데, 자생지는 제주도 한라산에만 있어. 아주 귀한 몸이지. 백목련, 목련 말고도 함박꽃나무, 태산목, 자줏빛 꽃이 피는 자목련 등 다양한 목련 식구들이 있어.

신기한 사실 오늘날 목련, 백목련 같은 나무들은 꽃을 피우는 '속씨식물'의 조상이야. 최초의 목련은 1억 4000만 년 전에 나타났대. 무려 공룡이 살던 백악기 시대부터 살아남은 거야! 꽃가루를 옮겨 주는 벌이나 나비가 지구상에 나타나기 전이지. 그래서 목련은 그때부터 지금까지 딱정벌레를 유인해 꽃가루받이(수분)를 하고 있어.

재밌는 사실 목련 꽃잎으로 풍선을 만들어 보자. 먼저 바닥에서 깨끗하고 튼튼한 꽃잎을 주워. 그런 다음 꽃받침 부분을 1cm 정도 자르고 살살 비벼 구멍을 벌려 줘. 이제 구멍에 바람을 후 불어 넣으면 목련이 풍선처럼 부풀어!

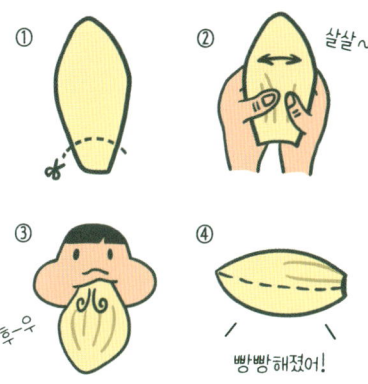

다양한 나라의 다양한 가로수

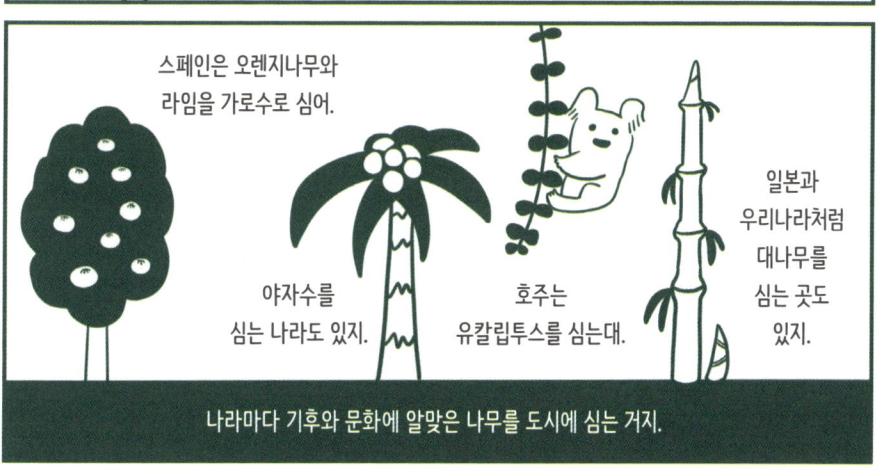

백합나무 *Liriodendron tulipifera* L.

열매

- 목련과
- 꽃 피는 때 : 5~6월
- 발견할 수 있는 장소 : 도로 가장자리

학명 *Liriodendron tulipifera*는 '튤립꽃이 달리는 나무'라는 뜻이야. 꽃 모양이 꼭 튤립과 닮았거든. 그래서 백합나무의 또 다른 이름이 튤립나무라는 사실! 영어 이름도 똑같이 'Tulip tree'야.

너도 튤립이니?

식물의 특징 백합나무는 다른 나무들보다 자라는 속도가 빨라. 크고 높게 자라서 넓은 그늘을 만들어 주기 때문에 주로 조경수로 심지. 초록빛을 띤 노란색에 주황색 무늬가 있는 꽃은 높은 가지 끝에서 피는 데다 잎에 가려져서 관찰하기 쉽지 않아. 열매는 꽃잎이 겹겹이 달린 꽃 모양처럼 맺히는데, 겨울에 앙상한 백합나무를 관찰하면 남은 열매를 볼 수 있을 거야.

신기한 사실 백합나무는 지구 온난화의 주요 원인인 이산화 탄소를 많이 흡수하는 나무 중 하나야. 1년 동안 흡수하는 이산화 탄소의 양이 승용차 3대가 1년 동안 내뿜는 이산화 탄소의 양과 맞먹는다고 해. 엄청나지? 그래서 '탄소 통조림'이라는 별명이 붙었대.

탄소 통조림

재밌는 사실 미국의 제1대 대통령 조지 워싱턴 생가에는 조지 워싱턴이 심은 거대한 백합나무 한 쌍이 우뚝 서 있어. 그런데 키가 어찌나 큰지 벌이 나무 위로 올라가지 못해 열매를 맺지 못하는 상태였다는 거야. 결국 원예사들이 올라가 직접 꽃가루받이를 했다고 해.

사철나무 *Euonymus japonicus* Thunb.

열매

- 노박덩굴과
- 꽃 피는 때 : 6~7월
- 발견할 수 있는 장소 : 담장이나 울타리 둘레, 가로수 아래

사계절 내내 푸르다고 하여 사철나무라고 불러. 겨울에도 푸르러서 겨우살이나무, 동청목이라고도 해. 영어 이름은 'Evergreen spindle'인데, 'Evergreen'은 상록수, 즉 '늘푸른나무'라는 뜻이야.

식물의 특징 사철나무의 연두색 꽃은 작고 소박하게 피는 반면, 열매는 진한 주홍빛으로 화려하게 물들어. 노란색 열매껍질이 벌어지며 주홍색 열매 4개가 고개를 내미는 모습이 꼭 팝콘 같기도 해. 추위와 공해에 강하고 그늘에서도 잘 자라서 도시에서 키우기 적합하지. 중부 지방의 도시에서 사시사철 푸른 잎을 보여 주는 거의 유일한 활엽수야. 가지를 자주 잘라도 다시 잘 자라기 때문에 울타리 용도로 많이 심어. 도로의 가로수 아래에 담장처럼 심는 키 작은 나무 중에서 가장 흔히 볼 수 있는 것이 사철나무와 회양목이지.

신기한 사실 독도를 대표하는 나무가 바로 사철나무야! 독도의 나무들 가운데 가장 오래된 나무라서 천연기념물로 지정되었어. 강한 바닷바람을 맞으며 절벽 틈에서 100년 넘게 살아남아 독도를 지켜 왔으니 의미가 깊지.

재밌는 사실 영어 이름의 'spindle'은 섬유에서 실을 뽑아내는 기구인 물레에 달린 '방추'를 뜻해. 실이 감기는 나무 꼬챙이인데, 유럽에서는 사철나무의 친척인 유럽회나무로 방추를 만들었대. 목재가 단단해서 이쑤시개, 나무못, 뜨개바늘의 재료로도 사용되었어.

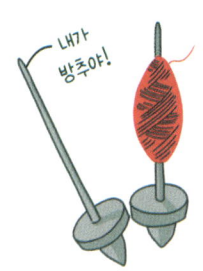

산수유 *Cornus officinalis* Siebold & Zucc.

- 층층나무과
- 꽃 피는 때 : 3~4월
- 발견할 수 있는 장소 : 아파트 화단, 공원, 정원

산수유는 '산에 사는 쉬나무'라는 뜻이야. 쉬나무의 옛 이름이 바로 수유나무거든. 중국이 고향인 오수유라는 나무와 닮아 수유나무라고 불리다가 쉬나무가 되었지. 그런데 정작 산수유와 쉬나무는 붉은 열매를 빼면 공통점이 없는 서로 다른 식물이라는 사실!

식물의 특징 옛날에는 열매를 약재로 쓰려고 집 주변에 많이 심었다고 해. 하지만 요즘은 이른 봄에 노랗게 피는 꽃과 가을이 되면 알알이 맺히는 붉은 열매가 보기 좋아서 도시 조경수로 사랑받는 나무가 되었어. 작고 노란 꽃이 생강나무와 비슷하게 생겨서 헷갈릴 수 있어. 산수유는 꽃자루(꽃을 받치고 있는 작은 가지)가 길지만, 생강나무는 그보다 꽃자루가 짧아서 가지에 붙은 것처럼 보여. 무엇보다 생강나무 열매는 검은색으로 익지.

재밌는 사실 산수유 군락지로 이름난 전라남도 구례에는 '할머니나무'라는 이름의 산수유가 있어. 1000여 년 전 중국 산둥성에 살던 한 여인이 이 마을로 시집올 때 가져온 씨앗이 자란 거라고 해. 매년 봄 산수유꽃축제가 시작될 때면 할머니나무에서 제사를 지내지.

1000년 넘은 '할머니나무'

위험한 사실 시큼하고 달고 떫은 맛이 나는 열매는 먹어도 돼. 그런데 씨앗에는 독이 있으니 조심해야 해. 통째로 삼키면 변으로 나오지만, 씹어서 먹으면 배탈이 나거나 신장에 이상이 생길 수 있거든.

산철쭉

Rhododendron yedoense Maxim.
f. *poukhanense* (H.Lév.) Sugim. ex T.Yamaz.

허니 가이드

- 진달래과
- 꽃 피는 때 : 4~5월
- 발견할 수 있는 장소 : 도로 화단, 아파트 화단, 학교 화단, 공원

'머뭇거린다'는 뜻의 한자어 '척촉'이 변하여 철쭉이 되었어. 옛 기록에 따르면 양들이 독성이 있는 철쭉을 먹고 머뭇거리다 죽거나, 먹을 수 없어 머뭇거려서 척촉이라는 이름이 붙은 거래. 독성 때문에 먹을 수 없어 개꽃이라고도 해. 산철쭉은 '산에서 자라는 철쭉'이라는 뜻이지.

식물의 특징 꽃잎 안쪽에 퍼져 있는 검은 점들이 보이지? 바로 '허니 가이드'야. 벌에게 꿀의 위치를 알려 주는 이정표지. 꽃대와 꽃받침의 짧은 샘털을 문지르면 끈적이는 물질이 나오면서 향기를 풍겨. 우리가 흔히 철쭉으로 알고 있는 식물은 대부분 산철쭉이야. 철쭉은 꽃이 연분홍색이고 달걀 모양에 가까운 타원형 잎이 4~5장 뭉쳐서 나. 산철쭉은 꽃의 색깔이 훨씬 더 짙고 잎도 뾰족한 타원형이지. 진달래는 잎보다 꽃이 먼저 피어. 따라서 잎 없이 꽃만 보이면 진달래, 잎과 꽃이 함께 피어 있으면 철쭉이나 산철쭉이야!

〈철쭉〉 〈산철쭉〉 〈진달래〉

신기한 사실 산철쭉, 철쭉, 진달래의 수술머리에는 매우 작은 구멍이 있어. 여기에 암술을 가져다 대면, 구멍 속에 있던 꽃가루가 암술머리의 끈적이는 분비물에 붙어 줄줄이 딸려 나오지!

위험한 사실 다양한 꽃꿀이 섞인 꿀을 먹으면 배가 아프고 메스꺼울 수도 있대. 독성이 있는 철쭉 꿀이 섞여 있을 수 있거든. 반면 진달래는 화전으로도 먹을 수 있으니 둘을 잘 구분해야겠지?

서양측백 *Thuja occidentalis* L.

열매

- 측백나무과
- 꽃 피는 때 : 5월
- 발견할 수 있는 장소 : 담장이나 울타리 둘레

측백은 잎이 측면, 그러니까 옆쪽으로 납작하게 자라는 모습에서 온 이름이야. 서양측백은 말 그대로 서양이 원산지인 측백을 뜻해. 미국과 캐나다를 포함한 북아메리카가 고향이거든. 종소명인 *occidentalis* 역시 '서방의'라는 뜻이지. 어디에 사는지에 따라서 이름이 붙여진 거야.

식물의 특징 추위와 공해, 병해충에 강해. 또 가지가 빠르게 자라는데, 자주 잘라 주지 않아도 모양이 아름다워서 키우기도 쉽지. 그래서 공원이나 정원 구획을 나누는 울타리 나무로 주로 사용돼. 우리나라에는 일제 강점기인 1930년대에 들어왔다고 해. 열매의 생김새를 보면 측백나무와 서양측백을 쉽게 구분할 수 있어. 측백나무의 열매에는 뿔처럼 돌기가 솟아 있고, 서양측백 열매는 달걀 모양이거든. 입체감 있는 측백나무의 씨앗과 달리, 서양측백의 씨앗은 납작하고 날개가 달려 있어.

신기한 사실 서양측백은 겨울에도 잎을 달고 있어서 초식 동물들의 좋은 먹이가 되지. 특히 북아메리카에서는 흰꼬리사슴이 너무 많이 먹어 치워서 골칫거리가 되기도 했대. 서양측백 줄기에 구멍을 내고 그 속의 개미들을 잡아먹는 딱따구리도 있어. 여러 갈래로 나 있는 줄기 틈새는 토끼나 다람쥐 같은 작은 동물들의 피난처가 되기도 해. 겨울에 그곳에서 추위를 피하거든. 작은 새들에게는 은신처로 인기가 많지. 아메리카붉은다람쥐와 북미하늘다람쥐는 줄기 껍질을 둥지 재료로 쓴대. 실제로 서양측백의 줄기 껍질에 기생충을 막아 주는 성분이 들어 있다고 하니, 똑똑한 다람쥐들이야!

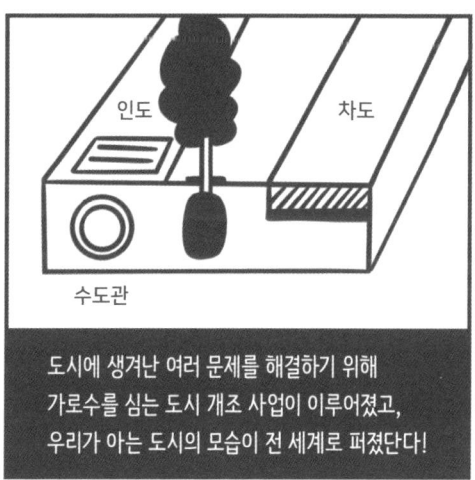

스트로브잣나무 *Pinus strobus* L.

- 소나무과
- 꽃 피는 때 : 4월
- 발견할 수 있는 장소 : 아파트 그늘진 화단, 학교 후문 화단

'스트로브'는 종소명 *strobus*에서 따온 이름이야. *strobus*는 '솔방울'을 의미하지. 실제로 스트로브잣나무에는 8~9cm 길이의 길쭉한 솔방울이 맺혀.

식물의 특징 한 해에 열매가 많이 열리면 나무가 약해져서 그다음 해에는 열매의 양이 확 줄어드는데, 이렇게 해를 걸러 열매가 많이 열리는 것을 '해거리'라고 해. 스트로브잣나무의 해거리 주기는 3~5년이야. 3~5년마다 많은 열매를 맺지. 잣나무 씨앗과 달리 스트로브잣나무 씨앗에는 날개가 있어. 솔방

울이 여물어 벌어지면 속에 있던 씨앗이 바람을 타고 퍼지지. 빈 솔방울은 겨우내 가지에 붙어 있어. 스트로브잣나무는 자라는 속도가 빠르고 그늘진 곳에서도 잘 자라. 또 다른 소나무과 나무들에 비해 대기 오염에 강하고 모양도 아름다워서 아파트나 학교 화단, 공원에 자주 심어. 서양에서는 크리스마스트리로도 많이 사용해.

신기한 사실 몇 해 전부터 소나무재선충병에 걸려 말라 죽는 소나무, 잣나무, 전나무가 급격히 늘고 있어. 지구 온난화로 기온이 높아져 재선충병을 옮기는 곤충들이 빠른 속도로 자라고 있거든. 그래서 전문가들은 스트로브잣나무를 주목하고 있어. 소나무재선충병에 강한 데다 탄

소 흡수 능력이 뛰어나고 자라는 속도도 빠르니까 스트로브잣나무로 숲을 만들면 온실가스를 줄이는 데 도움이 될 거라고 예측하는 거지.

양버즘나무 *Platanus occidentalis* L.

열매

암꽃

수꽃

- 버즘나무과
- 발견할 수 있는 장소 : 도로 가장자리
- 꽃 피는 때 : 3~5월

속명 *Platanus*는 '넓다'는 뜻이야. 잎이 크고 넓잖아. 우리가 흔히 부르는 '플라타너스'라는 이름이 속명에서 온 거지. 우리나라에서는 나무껍질이 조각조각 떨어지며 얼룩덜룩 무늬가 생긴 모습이 꼭 얼굴에 핀 버짐(각질이 하얗게 일어나는 피부병)처럼 보이는 데다 서양에서 온 나무라 양버즘나무라고 불렀대. 열매가 방울처럼 열리는 모양을 보고 북한에서는 방울나무라고 불러.

양버즘나무 줄기의 무늬

얼굴에 핀 버짐

식물의 특징 고향인 북아메리카에서는 보통 저지대나 습한 지역에서 자라. 우리나라에서는 가로수로 많이 심었어. 크고 빠르게 자라서 시원한 그늘을 드리울 뿐만 아니라, 수분을 많이 내뿜어서 주변의 열을 흡수하고 기온을 낮추어 주거든. 잎 표면에 촘촘히 나 있는 매우 작은 솜털은 나무가 빨아들인 먼지와 매연이 다시 공기 중으로 나가지 않도록 잘 붙들어 줘.

신기한 사실 한때는 가로수 하면 가장 먼저 떠올릴 만큼 큰 사랑을 받은 나무지만, 지금은 길 위에서 많이 사라졌어. 단단한 공 같은 열매가 떨어지며 행인이나 차량에 피해를 입히기도 하고 털 달린 씨앗이 알레르기를 일으키기도 했거든. 단단하게 자란 뿌리 때문에 보도블록이 들려 인도가 울퉁불퉁해지는가 하면, 가지가 높게 자라 전깃줄에 닿거나 간판을 가리는 일도 많았어. 사람들의 필요에 따라 심어졌다 베어지다니, 안타까운 일이야.

왕벚나무 *Prunus* × *yedoensis* Matsumura

열매

꽃

- 장미과
- 꽃 피는 때 : 4월
- 발견할 수 있는 장소 : 도로 가장자리, 아파트 단지 내, 공원

벚나무는 '벚', 그러니까 '버찌(벚나무의 열매)'가 열리는 나무라는 뜻이야. 예로부터 검게 익은 열매를 부르던 '벗(벋)'이 변한 거라고 해. 왕벚나무는 벚나무 중에서도 꽃이 커서 붙은 이름이야.

식물의 특징 벚꽃은 장미과의 다른 꽃들처럼 꽃받침, 꽃잎, 수술이 잘 구분되어 있어. 꽃잎도 5장으로 이루어졌고. 봄에 피는 매화나 살구꽃과 생김새가 비슷하다 보니 헷갈리기 쉬운데, 벚꽃은 꽃잎에 작은 홈이 있어. 매화는 꽃받침이 붉고 가지에 바짝 붙어서 피지. 살구꽃은 꽃 아래 붙은 꽃받침이 뒤로 젖혀져 있어. 또 매화, 살구꽃, 벚꽃 순으로 꽃이 피는 시기가 조금씩 달라.

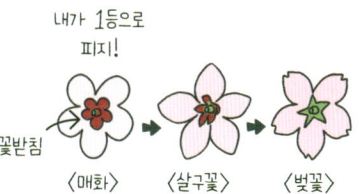

신기한 사실 산벚나무, 올벚나무, 왕벚나무, 벚나무 등 다양한 벚나무 가운데 우리가 도시에서 흔히 보는 것은 대부분 일본에서 '소메이요시노'라고 부르는 왕벚나무야. 일제 강점기에 일본이 심은 나무이니 일본이 원산지라는 의견과 제주도에서 왕벚나무 자생지가 발견되었으니 우리나라기 원산지라는 의견이 팽팽히 맞서고 있지. 그런데 최근 연구 결과에 따르면 왕벚나무 소메이요시노의 고향은 일본, 제주왕벚나무의 고향은 한국으로 두 나무가 서로 다른 식물이라고 해.

재밌는 사실 벚꽃놀이는 일제 강점기에 일본에서 전해진 풍습이래. 이전까지 우리 선조들은 봄에 벚꽃보다는 오얏나무(자두나무), 매화, 배꽃을 감상하며 꽃놀이를 즐겼지. 토종 산벚나무는 감상용이라기보다는 활이나 목판을 만드는 재료로 많이 쓰였어.

은행나무 *Ginkgo biloba* L.

씨앗

- 은행나무과
- 발견할 수 있는 장소 : 도로 가장자리, 학교, 공원
- 꽃 피는 때 : 4~5월

은행의 한자를 풀이하면 '은빛이 나는 살구'라는 뜻이야. 우리가 흔히 열매로 알고 있는 것이 사실은 씨앗인데, 씨앗 표면이 은빛을 띠고 모양은 마치 살구씨와 비슷해서 붙은 이름이래.

식물의 특징   불에 강한 데다 잎에 살균, 방부 성분까지 있어서 병충해도 거의 없고 잘 썩지도 않아. 약 3억 년 전 처음 등장한 이후 지금까지 존재할 정도로 생명력이 어마어마해. 일본 히로시마에는 1945년 원자 폭탄이 떨어졌을 때도 죽지 않고 지금까지 살아남은 은행나무가 있다고 하니, '살아 있는 화석'이라고 불릴 만하지? 먼 옛날에는 여러 친척 종이 있었지만, 모조리 멸종하고 지금은 단 하나의 종만 남아 있어.

신기한 사실   도로 어디서든 쉽게 볼 수 있는 은행나무가 놀랍게도 멸종 위기종이라는 사실! 씨앗을 먹고 배설해 종자를 퍼뜨리던 동물들이 신생대 무렵 기후가 크게 변하면서 멸종했기 때문이라고 해. 고약한 냄새와 독성 때문에 어떤 동물도 은행 씨앗을 먹으려 하지 않아서 지금은 인간이 은행나무의 유일한 매개 동물이지.

위험한 사실   은행나무 씨앗은 기관지에 좋지만, 조심해서 먹어야 해. 속껍질에 든 독성은 물에 씻거나 구워도 없어지지 않기 때문에 속껍질은 반드시 제거해야 하지. 또 겉껍질에 있는 고약한 냄새를 풍기는 성분은 피부를 자극해 염증을 일으키기 때문에 맨손으로 만지면 안 돼.

이팝나무 *Chionanthus retusus* Lindl. & Paxton

- 물푸레나무과
- 꽃 피는 때 : 5~6월
- 발견할 수 있는 장소 : 도로 가장자리, 아파트 단지 내

꽃이 흰 쌀밥같이 생겨서 '이밥나무'라고 부르다 이팝나무가 되었대. 조선 시대에 서민들은 흰 쌀밥을 이밥이라고 불렀거든. 흰 쌀밥은 왕족이나 양반인 '이 씨'들만 먹는 밥이라면서 말이야.

식물의 특징 5~6월이 되면 나무 전체를 뒤덮을 만큼 하얀 꽃이 피어. '하얀 눈꽃'이라는 뜻의 속명 *Chionanthus*처럼 꼭 흰 눈이 내려앉은 듯 보이지. 예전에는 농경지 주변에 주로 심었지만, 지금은 조경수로 심기 때문에 길에서 자주 볼 수 있어.

신기한 사실 우리 선조들은 이팝나무에 꽃이 만발하면 그해에 풍년이 들고, 꽃이 적게 피면 가뭄이 든다고 믿었어. 이팝나무는 물을 좋아해서 비가 잘 내려야 꽃을 활짝 피우는데, 벼농사에도 비가 중요하니 이팝나무를 보고 한 해 농사를 예측한 거야. 식물의 특성을 이용한 선조들의 삶의 지혜라고 할 수 있지.

재밌는 사실 전라북도 진안군 평지리에는 천연기념물로 지정된 이팝나무가 있어. 원래는 13그루였는데, 병들어 죽거나 베어져 지금은 3그루만 남아 있지. 그런데 옛날엔 이곳이 아기 무덤으로 불렸대. 큰 흉년이 들어 아기들이 제대로 먹지 못해 죽게 되자, 이곳에 죽은 아기들을 묻어 주었거든. 그리고 무덤 앞에 이팝나무를 심었대. 죽어서라도 흰 쌀밥을 실컷 먹으라는 마음으로 말이야.

주목

Taxus cuspidata Siebold & Zucc.

씨앗

수꽃

- 주목과
- 꽃 피는 때 : 4월
- 발견할 수 있는 장소 : 아파트 입구, 학교 정문, 상가 건물 화단

주목은 한자로 '붉은 나무'라는 뜻이야. 줄기의 껍질은 물론 속까지 붉은 빛을 띠거든. 예로부터 사람들은 붉은색이 사악한 것을 쫓아낸다고 믿어서 주목을 귀한 나무로 여겼어. 조선 시대에는 임금의 곤룡포를 붉게 염색하는 재료로 쓰였지.

식물의 특징 도시에서는 크리스마스트리 모양으로 곧게 자라지만, 야생에서 자라는 주목은 생김새가 전혀 달라. 태백산, 한라산 같은 높고 척박한 환경에 살아서 자유분방하고 거친 모습이지. 그런데 최근 눈이 적게 오거나, 이상 고온 현상이 나타나는 등 기후 변화가 심해져서 야생의 주목이 말라 죽고 있다고 해. 주목에 열리는 붉은 열매는 사실 열매가 아니야. 씨앗을 싸고 있는 껍데기가 부풀어서 열매처럼 변한 거지.

사실 난 씨앗이지롱~

재밌는 사실 속명 *Taxus*는 '활'을 뜻하는 그리스어에서 유래했어. 영국에서는 주목이 활(장궁)을 만드는 재료로 쓰였다고 해. 우리나라에서는 목재가 단단해서 얼레빗, 장기판, 담뱃갑, 가구 같은 생활용품 등을 만드는 데 쓰였어. 예로부터 주목을 두고 '살아서 천년, 죽어서 천년'이라는 말이 전해 외. 실제로 강원도 정선에서 1400년 된 주목이 발견되었고 무령왕릉에서는 1000년 넘게 보존된 왕비의 베개가 출토된 걸 보면, 이 말에 저절로 고개를 끄덕이게 되지.

건강한 사실 씨앗과 나무껍질에 택솔이라는 독성이 들어 있는데, 신기하게도 항암 효과가 뛰어나. 그래서 한때 항암제를 만들기 위해 마구 베어 내 주목이 멸종 위기에 처하기도 했대.

쥐똥나무 *Ligustrum obtusifolium* Siebold & Zucc.

열매

- 물푸레나무과
- 꽃 피는 때 : 5~6월
- 발견할 수 있는 장소 : 담장이나 울타리 둘레, 정원 경계, 학교 후문

작고 까만 타원형 열매가 쥐똥을 닮았다고 해서 붙은 이름이야. 북한에서는 푸른광나무, 검정알나무 등으로 부른대.

식물의 특징 공해에 강해 도시에서 사랑받는 나무야. 빽빽하게 심어도, 매년 가지치기를 해도 건강하게 잘 자라고 키도 너무 크지 않아서 울타리로 많이 심지. 종 모양으로 아담하게 피어나는 흰 꽃에서는 라일락과 비슷한 향기가 나. 둘은 물푸레나무과의 친척이거든. 진한 향기를 풍겨 벌을 불러들이지! 남해안과 제주도에는 꽃과 열매가 쥐똥나무와 아주 비슷하게 생긴 울타리 나무가 있어. 바로 광나무야. 잎이 매끈매끈 광택이 나서 붙은 이름이지. 겨울이면 잎이 지는 쥐똥나무와 달리 광나무는 사시사철 푸르러.

광나무의 잎과 열매

재밌는 사실 쥐똥나무에 붙어 사는 쥐똥밀깍지벌레는 하얀 밀랍을 내뿜어. 예로부터 이 밀랍으로 초를 만들었는데, 다른 초보다 불빛이 밝고 촛농도 잘 흘러내리지 않는다고 해. 하지만 나무를 약하게 만들어 잎을 빨리 지게 하는 해충이기 때문에 쥐똥나무 입장에서는 반갑지 않을 거야.

건강한 사실 쥐똥나무 열매는 예로부터 허약한 몸을 튼튼하게 해 주는 약으로 쓰였어. 햇빛에 잘 말린 뒤 달여서 차로 마실 수 있다고 해.

화살나무 *Euonymus alatus* (Thunb.) Siebold

코르크질 껍질

열매

- 노박덩굴과
- 꽃 피는 때 : 5월
- 발견할 수 있는 장소 : 담장이나 울타리 둘레

가지에 코르크질 껍질이 돋아난 모습이 꼭 화살대에 깃이 붙어 있는 모습과 닮아서 붙은 이름이야. 한자로는 '귀신의 화살 날개'라는 뜻의 '귀전우'라고 해. 일본에서는 가을에 붉게 물든 단풍이 비단 같다고 해서 '비단 나무'라는 뜻의 '니시키기'라고 부르고.

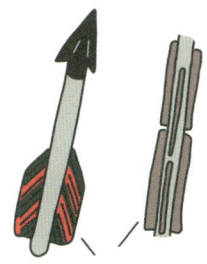

꼭 화살의 깃 같아!

식물의 특징 나무는 스스로를 지키려고 줄기 안쪽에 코르크층을 만들어. 그런데 특이하게도 화살나무 가지에는 이 코르크질 껍질이 날개처럼 돋아나 있어. 줄기가 굵어 보이면 초식 동물들이 쉽게 접근할 수 없거든. 게다가 코르크질 껍질은 맛도 없지. 이게 다 생존 전략인 거야. 화살나무의 꽃은 작고 연한 연둣빛이어서 눈에 잘 띄지 않아. 반면 붉은색 열매는 가을이 되면 붉게 물드는 단풍과 함께 눈을 즐겁게 해 주지. 화살나무는 사철나무와 같은 노박덩굴과로, 꽃의 생김새가 아주 비슷해.

퉤퉤! 맛없어.

맛있는 사실 화살나무의 어린잎을 홑잎나물이라고 불러. 봄철에 새순을 따서 데친 뒤 나물을 무쳐 먹기도 하고 된장국에 넣기도 해. 옛말에 '부지런한 며느리도 홑잎나물 3번 못 딴다'는 말이 있어. 어린잎이 워낙 빨리 자라서 며칠만 지나도 억세지기 때문이라나?

건강한 사실 홑잎나물에 들어 있는 퀘르세틴이라는 성분은 우리 몸에 해로운 활성 산소를 없애 주고 면역력을 높여 준대. 어린잎을 말려 차로 끓여 마시면 혈액 순환에 도움을 준다고 해.

회양목

Buxus sinica (Rehder & E.H.Wilson) M.Cheng
var. *insularis* (Nakai) M.Cheng

꽃

- 회양목과
- 꽃 피는 때 : 3~4월
- 발견할 수 있는 장소 : 담장이나 울타리 둘레, 가로수 아래, 아파트와 학교 화단

나뭇잎의 색깔이 연한 황색이라고 하여 한자 '누를 황' 자를 써서 '황양목'으로 불렸대. 석회암 지대가 발달한 북한 강원도 회양에서 잘 자라 회양목으로 불리게 됐다는 설도 있어.

식물의 특징 야생에서는 키가 7m도 넘게 자라는 나무야. 이른 봄에 다른 도시 식물보다 빠르게 작은 연두색 꽃을 피워서 겨울잠에서 일찍 깨어난 배고픈 곤충들에게는 더없이 소중하지. 회양목은 진하고 독특한 꽃향기로 곤충들을 유혹해. 열매는 3개의 뿔이 난 것처럼 생겼어. 열매가 익으면 3조각으로 갈라지는데, 각 조각이 꼭 부엉이를 닮았어. 까맣고 윤기 나는 씨앗은 조각마다 2개씩 맺히는데, 다 익으면 튕겨서 멀리 날아가.

3조각으로 갈라진 열매

신기한 사실 회양목은 겨울에도 잎을 떨구지 않는 상록수야. 그렇다고 사시사철 잎이 푸른 것은 아니야. 가을과 겨울에는 잎의 수분을 줄여서 주황빛 도는 갈색으로 변하거든. 봄이 되면 다시 뿌리에서 물을 흡수해 원래의 초록색 잎이 되는 거고.

재밌는 사실 회양목은 아주 느리게 자라서 가지가 굵어지는 데 시간이 오래 걸려. 그만큼 목질이 치밀하고 단단하고 무겁지. 결도 아름다워서 우리나라에서는 예로부터 호패나 도장을 만들 때 주로 쓰였어. 그래서 별명이 '도장나무'야. 영어 이름은 '상자를 만드는 나무'라는 뜻의 'Boxwood'야. 고대 서양에서 회양목으로 튼튼한 상자를 만들었거든.

회화나무

Styphnolobium japonicum (L.) Schott

열매

- 콩과
- 꽃 피는 때 : 8월
- 발견할 수 있는 장소 : 도로 가장자리, 학교 주변 도로

회화나무의 고향은 중국이야. 회화나무의 꽃을 한자로는 '괴화'라고 썼는데, 괴화의 중국어 발음이 '화이화'라고 해. 여기에서 회화나무라는 이름이 왔다는 설이 있어.

식물의 특징 높이는 30m, 지름은 2m 정도까지 자라는 거대한 나무야. 노란빛을 띤 흰 꽃이 무성하게 피어 꿀을 구하기 힘든 한여름철 꿀벌들에게 인기가 높지. 나무의 모양이 무척 아름다운 데다 공해와 병충해에도 강해서 가로수나 조경수로 알맞아.

신기한 사실 회화나무는 척박한 땅에서도 잘 자라. 회화나무 같은 콩과 식물의 뿌리에 붙어 사는 뿌리혹박테리아는 공기 중의 질소를 흡수해 영양분으로 바꾸어 주거든. 주변 땅도 비옥하게 만들어 주지!

재밌는 사실 예로부터 중국에서는 회화나무를 굉장히 귀하게 생각했어. 마당에 심으면 귀신을 막아 주고 집안에서 큰 학자나 인물이 난다고 믿었대. 그래서 '학자수' 또는 '선비목'이라고 불렀지. 이 믿음이 나무와 함께 우리나라에도 전해졌어. 조선 시대에는 집 앞마당에 나무를 거의 심지 않았는데, 회화나무만은 예외였다고 해. 심지어 이사 갈 때도 챙겨 갈 정도로 회화나무를 아꼈지. 선비를 길러 내는 서원, 향교에도 회화나무를 심었고. 그래서일까? 오늘날 학교 주변 가로수로 회화나무를 많이 심은 것을 볼 수 있어. 궁궐에서는 회화나무가 조선 최고 관리들의 위치를 상징했어. 1820년대 중반에 창덕궁과 창경궁의 모습을 담은 〈동궐도〉에도 이 나무들이 그려져 있다니 꼭 한번 찾아봐.

가자니아 *Gazania rigens* (L.) Gaertn.

- 국화과
- 꽃 피는 때 : 7~9월
- 발견할 수 있는 장소 : 도로 둥근 화단, 공원 화단

그리스의 학자 '테오도루스 가자'를 기리기 위해 지은 이름이라는 설이 있어. 그리스의 철학자이자 식물학의 창시자 테오프라스토스가 쓴 식물학책을 라틴어로 옮긴 인물이거든. 화려한 생김새가 마치 보물 같아서 '보물'이라는 뜻의 라틴어 'gaza'에서 왔다고 보는 사람도 있어. 영어로도 'Treasure flower', 즉 보물꽃이라고 불려. 우리나라에서 부르는 정식 이름은 태양국이야. 꽃이 태양을 닮았다고 해서 붙은 이름이지.

식물의 특징 꽃의 색깔이 흰색, 노란색, 주황색, 빨간색, 분홍색 등으로 무척 다양해. 게다가 꽃잎 안쪽에 진한 자주색이나 주황색 등의 세로줄 무늬가 나 있어서 아주 화려하지. 꼭 가슴에 다는 훈장처럼 생겼어. 가자니아의 고향은 남아프리카로, 햇빛이 강하고 물이 잘 빠지며 건조한 곳을 좋아해. 원래는 여러해살이 식물이지만, 우리나라에서는 밖에서 추운 겨울을 나지 못하기 때문에 따뜻한 온실에서 키워야 해.

'훈장국'이라는 별명도 있어.

가자니아는 해가 뜨면 꽃을 활짝 피우고 날이 흐리거나 저녁이 되면 꽃을 오므려. 꽃이 오므라들면 원하지 않는 해충으로부터 꽃가루를 지킬 수 있지.

신기한 사실 만약 가자니아를 키우다가 꽃이 시들었다면 시든 꽃과 건강한 잎 사이의 줄기를 잘라 내 봐. 새로운 꽃이 또 피어서 오랫동안 가자니아의 아름다움을 감상할 수 있을 거야.

금어초   *Antirrhinum majus* L.

- 현삼과
- 꽃 피는 때 : 4~5월
- 발견할 수 있는 장소 : 도로 화단, 큰 공원 주변 산책로, 식물원 정원

꽃의 생김새가 헤엄치는 금붕어를 닮았다고 해서 붙은 이름이야. 영어 이름은 'Snapdragon'이지. 'dragon'은 용을 뜻하는데, 꽃의 양옆을 누르면 마치 용이 입을 벌리는 것처럼 보여서 그렇다나?

식물의 특징 금어초의 고향은 지중해와 북아프리카로, 로마 시대부터 길러 온 식물로 알려져 있어. 긴 꽃대의 밑에서부터 맨 위까지 꽃들이 어긋나게 붙어서 층층이 피어나. 이렇게 꽃이 피는 걸 '총상화서'라고 해. 품종에 따라 분홍색, 흰색, 보라색, 노란색, 주황색, 라벤더색 등으로 꽃의 색깔이 다양하고 아름다워 부케를 만드는 데 많이 사용되지. 야생에서는 보통 분홍색과 보라색이 많이 발견되는데, 누르면 벌어지는 입술 부분만 노란색인 것들도 있대.

재밌는 사실 금어초에는 무시무시한 별명이 따라다녀. 바로 '해골꽃'이야. 예쁜 꽃이 진 자리에는 씨앗이 담긴 꼬투리가 남는데, 이 꼬투리는 씨앗이 충분히 여물고 나면 터지면서 씨앗을 멀리 내보내. 이때 꼬투리에 구멍이 생긴 모습이 꼭 해골처럼 보이는 거야. 옛날 서양에서는 이 씨앗 꼬투리를 말려 벽에 걸어 두면 무서운 마법이나 저주를 피할 수 있다고 믿었대.

맛있는 사실 독성이 없어서 화전, 샐러드, 비빔밥 등의 재료로 많이 쓰여. 따뜻한 성질이 있어서 차로 만들어 마시면 소화를 돕고 속을 편안하게 해 준대.

꽃베고니아 *Begonia cucullata* Willd.

- 베고니아과
- 꽃 피는 때 : 6~10월
- 발견할 수 있는 장소 : 아파트 화단, 공원 화단, 꽃집

한 수도승이 카리브해에 있는 섬에서 베고니아를 처음 발견하고 이름을 붙여 주었어. 그가 가장 좋아하던 식물학자 '미셸 베공'의 이름에서 따왔지. 우리나라에서 부르는 정식 이름은 사철베고니아야. 온도만 잘 맞으면 사시사철 꽃을 피우거든.

식물의 특징 1년 내내 꽃을 피우고 성장 속도가 빨라. 게다가 광택이 나는 도톰한 잎과 형형색색의 화려한 꽃을 자랑하니 도시 화단에서 빼놓을 수 없는 식물이 되었어. 잎이 아주 크고 무늬가 화려한 품종도 있지만, 꽃베고니아는 꽃과 잎이 모두 작은 편이야. 암꽃과 수꽃이 하나의 식물체에서 피어나지. 수꽃은 꽃잎 4장으로 이루어져 있는데, 마주 보는 1쌍(2장)은 크기가 작아. 암꽃의 꽃잎은 5장이야. 엄밀히 말하면 꽃잎과 꽃받침이 합쳐져 만들어진 꽃잎이지.

재밌는 사실 놀랍게도 북한 사람의 이름을 딴 베고니아 품종이 있다는 사실! 일본의 한 식물학자가 베고니아의 품종을 오랫동안 연구한 끝에 개량에 성공했어. 20cm로 매우 큰 붉은색 꽃이 탄생했지. 그것을 북한의 국방위원장 김정일에게 선물하면서 그 품종의 이름이 '김정일화'가 된 거야.

위험한 사실 베고니아 종류에는 개와 고양이에게 치명적인 독이 있으니 조심해야 해! 베고니아를 삼킨 개와 고양이는 침을 흘리거나 구토를 하기도 하고, 밥을 잘 먹지 못하거나 입 안에 화상을 입기도 한대.

꽃양귀비 *Papaver rhoeas* L.

- 양귀비과
- 꽃 피는 때 : 5~7월
- 발견할 수 있는 장소 : 도로 화단, 공원 화단, 식물원 정원

중국 당나라 현종의 후궁이었던 양귀비는 미모가 무척 빼어났대. 그 미모에 비할 만큼 아름다운 꽃에 양귀비라는 이름이 붙게 됐어. 하지만 함부로 기를 수 없는 꽃이었지. 양귀비에는 중독성이 강한 마약 성분이 들어 있거든. 그래서 마약 성분을 없앤 꽃양귀비라는 식물을 만들어 냈어. 우리나라에서 부르는 정식 이름은 개양귀비야.

식물의 특징 꽃양귀비는 키가 30~80cm 정도로 자라. 가느다란 줄기 하나에 꽃이 한 송이씩 피는데, 빨간색, 주황색, 노란색, 흰색, 분홍색 등 색깔이 다양하지. 꽃봉오리는 타원형인데, 보통 고개를 숙이고 있어. 꽃봉오리와

줄기 전체에 털이 나 있지. 꽃이 지고 나면 그 자리에 마치 모자를 쓴 꽃봉오리같이 생긴 열매가 남는데, 그 안에 작은 씨앗이 아주 가득해.

재밌는 사실 제1차 세계 대전에 참전한 나라들은 종전 기념일에 전사자들을 기리며 가슴에 빨간색 꽃양귀비 조화를 달아. 전쟁 당시 치열한 전투가 벌어졌던 벨기에 플랑드르 들판에서 꽃양귀비가 자라는 것을 본 한 군인이 시를 썼는데, 여기에서 비롯된 전통이라고 해.

위험한 사실 우리가 도시에서 보는 건 다 꽃양귀비야. 마약 성분 때문에 양귀비를 기르는 건 불법이거든. 약물 연구나 개발을 위해 허가받은 사람들만 기를 수 있지.

양귀비 재배는 불법!

꽃양배추

Brassica oleracea L.

- 배추과
- 꽃 피는 때 : 3~5월
- 발견할 수 있는 장소 : 공원 둥근 화단, 큰 공원 주변 산책로, 휴게소 화단

이름 그대로 '꽃처럼 피는 양배추'라는 뜻이야. 속명 *Brassica*는 배추 속 식물들을 가리키는데, 켈트어로 '양배추'를 뜻하는 'bresic'에서 유래했다는 설이 있어. 종소명 *oleracea*는 '먹을 수 있는 채소'를 뜻하지.

식물의 특징 겨울철 도시의 화단에서 흔히 볼 수 있는 식물이야. 기온이 영하 15도까지 떨어져도 견딜 만큼 추위에 강하거든. 게다가 잎의 색깔이 자주색, 흰색, 노란색, 분홍색 등으로 알록달록하지. 사시사철 푸른 잎을 보여 주는 사철나무나 회양목 같은 상록수가 있기는 하지만, 겨울에 이렇게 화려한 색깔을 자랑하는 식물은 꽃양배추가 거의 유일해! 꽃양배추가 없었다면 겨울 화단은 황량할 거야.

신기한 사실 꽃양배추는 가운데에서 긴 꽃대가 자라고 4장의 꽃잎이 달린 앙증맞은 노란색 꽃을 피워. 그런데 꽃을 보기는 힘들 거야. 추운 겨울이 다 지난 뒤 꽃이 피는데, 도시에서는 겨울이 지나면 꽃양배추를 뽑고 화단에 다른 식물을 심기 때문이지.

꽃양배추의 꽃

건강한 사실 쌈 채소로 잘 알려진 케일을 개량해서 만든 식물이야. 브로콜리, 콜리플라워, 콜라비 등 영양분이 풍부한 채소가 다 꽃양배추의 친척이지. 하지만 길거리 화단의 꽃양배추는 먹으면 안 돼! 맛이 쓸 뿐 아니라, 중금속에 오염됐거나 약이 묻어 있을 수 있거든.

〈케일〉 〈브로콜리〉 우린 친척! 〈콜리플라워〉 〈콜라비〉 〈양배추〉

정원의 역사와 함께해 온 꽃

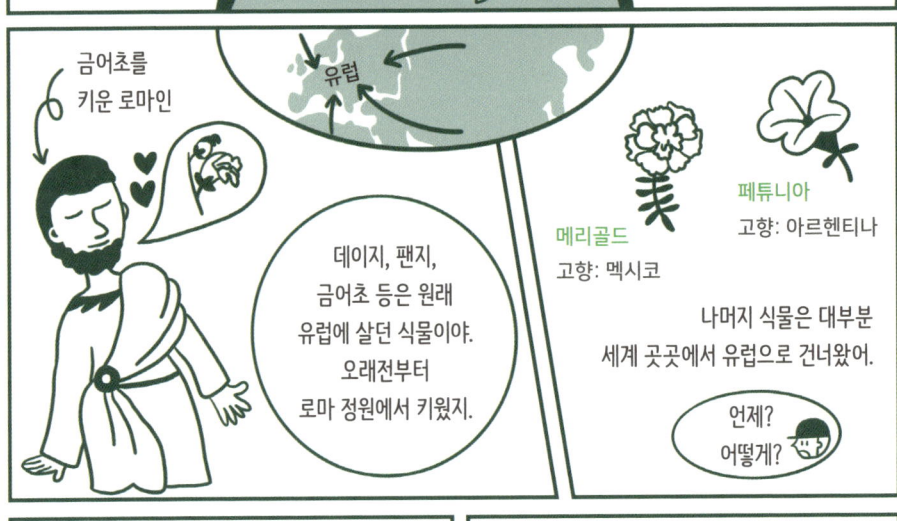

이국적인 식물이 유행하자 외국의 식물을 채집해 오는 '식물 사냥꾼'이라는 새로운 직업이 생기기도 했어.

난 식물 사냥꾼!

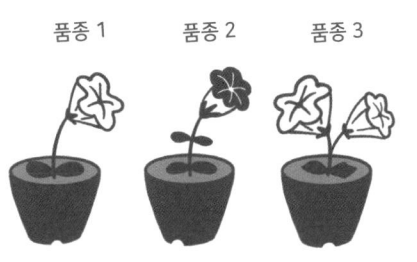

유럽의 정원가들과 육종가들은 이렇게 유럽에 들어온 식물들이 더 크고 화려하게, 또 오래오래 꽃을 피우도록 개량했지.

품종 1   품종 2   품종 3

유럽에서는 일찍부터 정형식 정원, 풍경식 정원 등 여러 형태의 정원이 유행했어.

옷 유행이 바뀌듯이?

맞아!

기술이 크게 발전한 19세기 중반, 여유 시간이 생기자 더 많은 사람이 정원을 가꾸기 시작했고

카펫 정원!!

수입한 식물로 카펫처럼 꾸민 화려한 정원이 유행하기도 했어.

귀족   중산층

참 기나긴 여정이었네!

PARK

이 식물들은 귀족의 정원에서 중산층의 정원으로, 마침내 모두가 함께 누리는 도시의 공원에까지 오게 된 거야.

데이지 *Bellis perennis* L.

- 국화과
- 꽃 피는 때 : 3~6월
- 발견할 수 있는 장소 : 도로 화단, 학교 화단, 공원 화단

데이지는 아침에 꽃잎이 활짝 피었다가 저녁이 되면 오므라드는 특성이 있어. 그래서 서양에서는 'Day's eye(낮의 눈)'라고 불렸는데, 여기에서 'Daisy(데이지)'라는 이름이 나온 거지. 속명 *Bellis*에는 '예쁘다'는 뜻이 담겨 있는데, 《로마 신화》 속 아름다운 숲의 요정 '벨리데스'의 이름에서 유래했대.

식물의 특징 유럽이 고향인 데이지는 고향에서는 여러해살이 식물이지만, 우리나라의 사계절에는 맞지 않아서 한해살이 식물로 분류되기도 해. 햇빛에서도, 그늘에서도, 건조한 데서도, 습한 데서도 잘 자라기 때문에 북극을 제외한 지구상의 거의 모든 곳에서 데이지 종류를 볼 수 있어. 사랑스럽고 예쁜 꽃을 피우기는 하지만, 빠르게 번식하는 특성 때문에 잡초로 여겨지기도 하지. 데이지에는 여러 종류가 있는데, '데이지'라고 하면 보통 '잉글리시데이지'를 가리킨다고 생각하면 돼. 왼쪽에 보이는 꽃도 잉글리시데이지를 그린 거야.

재밌는 사실 어느 날 숲에서 축제가 벌어졌어. 과수원의 신 베르툼누스는 춤을 추던 아름다운 숲의 요정 벨리데스를 보고 한눈에 반했지. 벨리데스는 베르툼누스의 시선을 피하려고 도망치다가 결국 꽃으로 변신했는데, 그 꽃이 바로 데이지라고 해.

맛있는 사실 데이지는 인기 있는 식용 꽃 가운데 하나야. 꽃잎에서 단맛이 나고 식감이 아삭해서 샐러드나 샌드위치 등의 재료로 많이 사용하고 차로 마시기도 해. 음식을 장식하는 데 사용하기도 하지.

디기탈리스 *Digitalis purpurea* L.

허니 가이드

- 질경이과
- 꽃 피는 때 : 7~8월
- 발견할 수 있는 장소 : 공원 화단, 식물원 정원

속명이 그대로 이름이 된 식물이야. 속명 *Digitalis*는 '손가락'을 뜻하는 라틴어 'digitus'에서 왔어. 꽃이 손가락에 끼우는 골무처럼 생겨서래. 밤중에 여우가 농장의 닭을 몰래 잡아먹으려고 이 꽃을 신발처럼 신고 살금살금 걸어갔다고 해서 영어로는 '여우 장갑'이라는 뜻의 'Foxglove'라고 부른대.

살금~   살금~

식물의 특징 지중해 근방의 유럽, 북서아프리카의 카나리아 제도, 서아시아와 같은 따뜻한 지역이 고향이야. 자주색, 크림색, 분홍색, 보라색 등 다채로운 색깔의 종 모양 꽃을 피워서 원예 식물로 사랑받고 있어. 꽃 안쪽에 있는 화려한 무늬는 허니 가이드야. 디기탈리스는 환경이 맞으면 키가 1m까지도 자라.

재밌는 사실 세계적인 화가 반 고흐의 작품에는 유독 노란색이 많은데, 이게 디기탈리스 때문일지도 몰라. 디기탈리스는 옛날부터 치료제로 종종 쓰였는데, 간질과 조울증에 시달리던 반 고흐가 처방받은 약이 바로 디기탈리스였대. 반 고흐가 자신의 주치의를 그린 작품 〈가셰 박사의 초상〉에 디기탈리스가 그려져 있는 것을 볼 수 있지. 문제는 그 약의 부작용이 '황시증'이라는 거야. 황시증은 노란색 안경을 쓰고 세상을 보는 듯한 병이거든. 혹시 반 고흐도 이 부작용 때문에 노란빛으로 그림을 그린 게 아닐까?

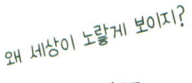
왜 세상이 노랗게 보이지?

로즈마리 *Rosmarinus officinalis* L.

꽃

- 꿀풀과
- 꽃 피는 때 : 5~7월
- 발견할 수 있는 장소 : 공원 화단, 식물원 향기 정원, 집 베란다, 텃밭

'바다의 이슬'이라는 뜻의 속명 *Rosmarinus*에서 온 이름이야. 로즈마리의 시원하고 상쾌한 향기가 바닷가에서 불어오는 바람과 비슷해서였을까? 아니면 습한 해안가에서도 잘 살아남아서였을까?

식물의 특징 잎은 바늘 모양으로 길고 꽃은 하늘색이나 연한 보랏빛이야. 따뜻한 기후에서는 계속 꽃을 피울 수 있지. 처음에 잎과 비슷한 초록색에 부드러웠던 줄기는 시간이 지날수록 나무 줄기와 같이 단단하게 변해. 고향인 지중해에서는 나무처럼 키가 2m까지 자란다고 해. 우리나라에서는 대부분 화분에서 작게 키우지. 야외에서 키우더라도 겨울 추위 때문에 1m 정도밖에 자라지 못해.

건강한 사실 꽃과 향기가 오래가서 예로부터 '기억'을 상징했는데, 실제로 기억력을 높이기 위해 로즈마리 향기를 이용하기도 했어. 오늘날 연구 결과로도 그 효과가 증명됐지. 항균과 보습 효과가 뛰어나서 화장품 원료로도 쓰여. 향수와 방향제 원료로도 인기가 많은데, 재미있게도 해충들은 로즈마리의 향기를 싫어한대. 인간에게는 로즈마리가 천연 살충제인 셈이지.

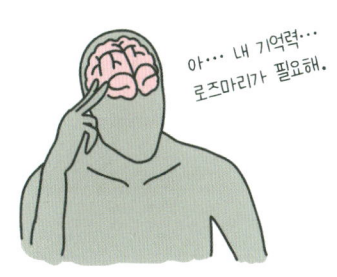

맛있는 사실 로즈마리는 요리에 풍미를 살리고 입맛을 돋우는 데 많이 사용되는 대표적인 허브야. 특히 고기를 구울 때도 곁들이면 좋아. 잡내를 없애 주고 독특한 향을 더하거든. 쿠키나 빵을 구울 때 재료로 사용하면 색다른 맛을 느낄 수 있을 거야.

루드베키아 *Rudbeckia hirta* L.

- 국화과
- 꽃 피는 때 : 5~9월
- 발견할 수 있는 장소 : 도로 화단, 아파트 화단, 공원 화단, 정원

스웨덴 식물학자 린네는 스승인 '올로프 루드베크'를 기리기 위해 이 꽃의 속명을 *Rudbeckia*라고 지었어. 우리나라에서 정한 정식 이름은 수잔루드베키아인데, 보통 속명을 이름처럼 부르고 있어. 꽃 가운데 짙은 갈색 부분이 마치 까만 눈동자 같다고 해서 영어로는 'Black-eyed-Susan(검은 눈의 수잔)'이라고 해. 종소명 *hirta*는 라틴어로 '털이 많은'이라는 뜻이야. 루드베키아 잎과 줄기에 털이 많이 나 있거든.

식물의 특징 품종에 따라 조금씩 다른데, 대개 키가 30~90cm 정도로 자라. 꽃이 한 송이처럼 보이지만, 사실 '혀꽃'이라 불리는 '설상화'와 '대롱꽃'이라 불리는 '통상화' 여러 개가 뭉쳐서 하나의 꽃처럼 보이는 거야. 이렇게 꽃이 피는 것을 '두상화서'라고 해. 가운데 볼록 튀어나온 짙은 갈색의 대롱꽃 둘레에 선명한 노란색의 혀꽃이 달려 있는데, 시간이 지날수록 혀꽃이 젖혀지면서 대롱꽃이 더 도드라지지. 노란색 혀꽃의 안쪽으로 갈수록 갈색을 띄거나 색상 무늬가 있기도 해. 해바라기랑 닮아서 '작은 해바라기'라고도 불려.

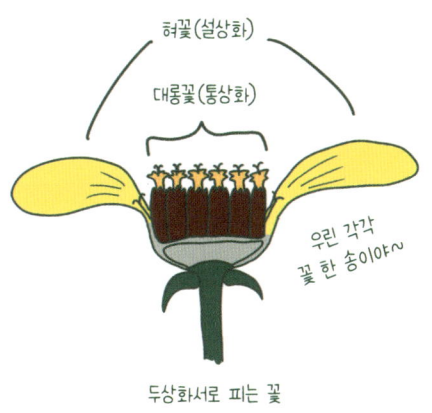

두상화서로 피는 꽃

신기한 사실 루드베키아는 변이가 아주 잘 일어나는 식물이야. 기존에 피었던 꽃에서 씨앗을 받아서 심어도 원래 심었던 것과 다른 무늬와 색깔의 꽃을 피우거든. 정말 신기하지?

루피너스 *Lupinus* L.

- 콩과
- 꽃 피는 때 : 3~6월
- 발견할 수 있는 장소 : 가로수 아래 화단, 공원 화단, 정원

속명과 이름이 같아. 속명 *Lupinus*는 '늑대'라는 뜻의 라틴어 'lupus'에서 왔다는 설이 있어. 옛날에는 루피너스가 땅을 황폐화한다고 생각했는데, 그런 성질이 탐욕스러운 늑대를 떠올리게 했다나? '슬픔'이라는 뜻의 그리스어 'lupe'에서  유래했다는 말도 있어. 루피너스 씨앗이 너무 써서 입에 넣으면 슬픈 듯 얼굴을 일그러뜨리기 때문이래.

식물의 특징 금어초와 마찬가지로 총상화서로 꽃을 피워. 총상화서로 꽃을 피우는 식물들을 보면 꽃대 밑부분의 꽃들만 풍성하게 피고 윗부분은 꽃봉오리도 채 여물지 않은 경우가 많지. 꽃의 색깔은 분홍색, 빨간색, 보라색, 흰색, 노란색, 파란색 등으로 알록달록 다채로워. 잎은 부채를 쫙 펼친 것처럼 생겼어.

신기한 사실 루피너스가 땅을 황폐화한다는 건 오해였어! 루피너스 같은 콩과 식물의 뿌리에 붙어 사는 뿌리혹박테리아는 공기 중의 질소를 흡수해 땅속 영양분으로 바꾸어 주거든. 그래서 토양을 비옥하게 만들지. 이런 역할을 하는 식물을 '녹비 작물'이라고 불러.

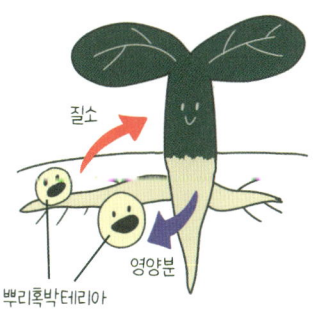

맛있는 사실 루피너스의 씨앗인 루핀콩은 지중해 지역에서는 흔한 음식 재료야. 단백질과 식이 섬유가 많이 포함되어 있지. 하지만 쓴맛과 독성 때문에 날것으로 먹을 수는 없어. 말린 콩을 물에 이틀간 담갔다가 2시간 이상 익힌 뒤 소금물에 며칠간 담가 놨다 먹어야 하지.

사계절 내내 볼 수 있는 도시의 꽃

맨드라미 *Celosia argentea* L. var. *cristata* (L.) Kuntze

- 비름과
- 꽃 피는 때 : 7~8월
- 발견할 수 있는 장소 : 도로 화단, 꽃집

맨드라미는 인도어의 조상인 산스크리트어 'mandala'에서 유래했다고 해. 우리나라에서는 불교의 이치를 담은 꽃으로 보아 만다라화라고 불리다가 맨드라미로 바뀐 거지. 꽃 모양이 닭의 벗 같아서 '닭벼슬꽃(계관화)'이라고도 불렸는데, 재미있는 건 서양에서도 같은 뜻으로 불렸다는 거야. 영어 이름인 'Cockscomb'은 '수탉의 벗'이란 뜻이거든.

식물의 특징 정확한 기원은 알 수 없지만, 중국 남부와 인도가 고향이라고 알려져 있어. 개량을 거쳐 여러 품종이 생겨났지. 꽃의 생김새에 따라 크게 닭의 벗처럼 생긴 것과 촛불처럼 생긴 것, 이렇게 둘로 구분돼. 주로 붉은색, 노란색, 분홍색 꽃을 피워. 화려한 꽃 속에 새까맣고 광택이 나는 작은 씨앗이 맺히는데, 크기가 어찌나 작은지 씨앗 1500개의 무게가 고작 1g 정도라고 해.

닭의 벗 모양   촛불 모양

신기한 사실 아프리카에서는 수수, 기장, 옥수수 등의 작물을 기를 때 맨드라미를 같이 기운데. 직물의 뿌리 근서에 싹을 틔워서 영양분을 뺏는 잡초가 있거든. 맨드라미 씨앗은 이 잡초가 작물의 근처가 아닌 곳에서도 싹을 틔우도록 교란하는 물질을 내뿜는다고 해. 이 물질에 속아 다른 곳에서 싹을 틔운 잡초는 결국 영양분을 얻지 못해 죽게 되지.

맛있는 사실 어린줄기와 잎, 꽃을 먹을 수 있어. 특히 잎이 부드럽고 시금치와 맛이 비슷해서 콩고, 인도네시아, 나이지리아에서 즐겨 먹는다고 해. 우리나라에서는 주로 꽃차를 만들어 마셔.

물망초 *Myosotis scorpioides* L.

- 지치과
- 발견할 수 있는 장소 : 그늘진 화단, 공원 화단
- 꽃 피는 때 : 4~6월

한자를 풀이하면 '나를 잊지 말아요'라는 뜻이야. 독일어와 영어 이름도 이와 같은 뜻이지. 대체 물망초에는 어떤 사연이 있는 걸까?

식물의 특징 물망초는 유럽과 아시아가 고향이야. 촉촉하게 젖은 땅을 좋아하지. 하늘색의 꽃잎 5장은 꽃부리로 가면 하나로 합쳐져. 꽃 중앙에는 꽃잎이 변형되어 만들어진 노란색 부분(덧꽃부리)과 흰색 선이 있는데, 흰색 선이 바로 허니 가이드야. 노란색 부분은 꽃가루받이가 끝나면 흰색으로 변해.

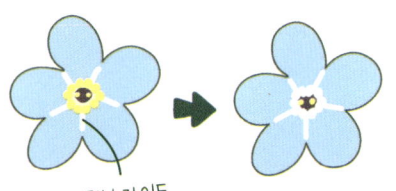
허니 가이드

신기한 사실 물망초의 꽃가루를 옮겨 주는 건 주로 벌이야. 물망초가 파란색이어서 그럴 거래. 벌의 눈에는 자외선과 청록색 파장에 민감한 기관이 있어서 푸른색을 선호하거든. 그런데 사실 자연에는 파란색 꽃이 흔하지 않아. 과학자들에 따르면 꽃이 파란색을 내는 건 주위 환경의 영향이 큰데, 주로 척박한 환경에 파란색 꽃이 많이 핀다고 해.

재밌는 사실 독일의 전설에 따르면 다뉴브강 한가운데 있는 섬에 아름다운 꽃이 피어 있었대. 한 청년이 사랑하는 여인에게 주려고 강을 헤엄쳐 가서 그 꽃을 꺾었지. 그런데 돌아오다가 그만 급류에 휩쓸린 거야. 청년은 여인에게 꽃을 던지며 "나를 잊지 말아요!"라고 외쳤고, 여인은 그 꽃을 평생 지니고 다녔다고 해. 그때부터 이 꽃의 이름이 물망초가 된 거지.

백묘국 *Jacobaea maritima* (L.) Pelser & Meijden

꽃

- 국화과
- 꽃 피는 때 : 6~9월
- 발견할 수 있는 장소 : 도로 화단, 공원 화단, 식물원 정원

잎과 줄기가 흰 털로 뒤덮인 국화과 식물이어서 '흰색 국화'라는 뜻이 담긴 이름이 붙었어. 마치 흰 눈이 소복이 쌓인 것처럼 보여서 '눈 국화'라는 뜻의 '설국'이라고도 불려.

식물의 특징 날씨가 따뜻한 지중해 연안이 고향이야. 기온이 높고 건조한 환경에서 잘 자라기 때문에 고향에서는 여러해살이 식물이지만, 추위에 약해서 우리나라에서는 겨울을 나지 못해. 초여름부터 가을까지만 꽃을 피우는데, 노란색 국화 같은 꽃이 길쭉한 꽃대 위에 소복이 피어나지. 그런데 사실 백묘국은 꽃보다는 잎을 감상하기 위해 주로 다른 꽃들과 함께 심는 식물이야. 흰색 털로 빽빽하게 덮인 초록색 잎은 독특한 은회색, 옥빛이 나서 벨벳 같아 보여. 잎이 도톰한 데다 털이 보들보들해서 마치 동물의 귀를 만지는 것 같은 느낌도 들고. 북아메리카 지역에서는 털과 독성 때문에 사슴들이 잘 먹지 않아서 정원에 많이 심는대.

신기한 사실 흰 털이 없는 백묘국의 모습이 궁금하다고? 잎에 물을 흠뻑 주면 흰 털이 잎에 달라붙으면서 잠시 원래의 초록색이 드러나기도 해.

재밌는 사실 식물의 털로 집을 짓는 벌이 있다면 믿어져? 이 벌은 백묘국 잎에 나 있는 털로 집을 짓는다고 해. 백묘국의 털을 아래턱으로 긁거나 뽑아내서 둥근 공 모양으로 뭉친 다음 작은 구멍에 털로 만든 공들을 밀어 넣는 거야. 그리고 꿀과 꽃가루를 채운 뒤 그 위에 알을 낳는대.

샐비어 *Salvia* L.

- 꿀풀과
- 꽃 피는 때 : 5~10월
- 발견할 수 있는 장소 : 학교 화단, 공원 화단

샐비어는 '치료하다'라는 뜻의 라틴어 'salveo'에서 온 이름이야. 이름의 유래에서도 알 수 있듯이 샐비어는 약용 식물로 오랫동안 쓰여 왔어. 샐비어, 사루비아, 세이지 등 다양하게 불리고 있지만, 우리나라에서 정한 정식 이름은 살비아야.

식물의 특징 중동과 지중해가 고향이지만, 요즘은 전 세계에 퍼진 귀화 식물이 되었어. 긴 꽃대 하나에 꽃송이 여러 개가 아래쪽부터 줄줄이 차례대로 피는 총상화서의 꽃이야. 여름부터 가을까지 꽃을 피우지. 꽃의 색깔은 빨간색, 보라색, 흰색이고 꽃을 감싸는 포는 초록색이나 붉은색이야. 다른 꿀풀과 식물과 마찬가지로 줄기는 사각기둥 모양이라는 사실!

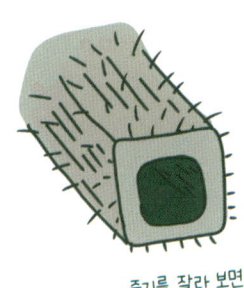

줄기를 잘라 보면 단면이 네모!

재밌는 사실 샐비어 가족 중에 *Salvia splendens*라는 학명의 식물이 있어. 우리나라에서는 일본식 발음으로 알려져서 '사루비아'라고 많이들 부르지. 이 식물의 꽃송이를 쏙 뽑아서 흰빛이 나는 뒷부분을 쪽 빨아먹으면 달콤한 꿀을 맛볼 수 있어!

건강한 사실 유럽에는 "오래 살고 싶으면 5월의 세이지를 먹어라."라는 말이 전해 오고, 고대 아랍에는 "정원에 샐비어를 기르는 사람은 죽을 일이 없다."라는 말이 있었대. 샐비어 중에서도 식용이나 약용으로 쓰이는 종류를 '세이지'라고 불러. 실제로 다양한 질병을 치료하는 데 효과가 있는 것으로 밝혀졌어.

샤스타데이지

Leucanthemum × superbum
(Bergmans ex J.W.Ingram) D.H.Kent

- 국화과
- 꽃 피는 때 : 4~7월
- 발견할 수 있는 장소 : 공원 화단, 식물원, 넓은 들판

캘리포니아 북쪽의 만년설로 뒤덮인 샤스타산에서 유래한 이름이야. 미국 육종학자 루서 버뱅크가 그 근처에서 만든 품종이거든. 샤스타산에 쌓인 눈처럼 꽃잎이 하얘서 그렇게 불렀다고도 해.(실제로는 꽃잎이 아닌 혀꽃이지만!)

식물의 특징 국화는 보통 가을에 꽃을 피우지만, 샤스타데이지는 여름에 꽃을 피워. 화단에 주로 심는데, 꽃이 커서 꽃꽂이용으로 많이 사용돼. 처음 소개된 이후 지금까지 전 세계에서 사랑받는 원예 식물이지! 씨앗으로 자손을 퍼뜨리기도 하지만, 땅속에서 옆으로 길게 뻗어 자라는 뿌리줄기를 이용해 빠르게 번식하는 것으로 유명해. 줄기는 60센티미터 정도로 높게 자라. 국화과 친척인 마가렛과 꽃이 비슷하게 생겨서 종종 헷갈리는데, 그럴 땐 잎의 모양과 꽃잎의 길이를 보면 쉽게 구별할 수 있어.

톱니 같은 잎 〈샤스타데이지〉   쑥갓처럼 갈라진 잎 〈마가렛〉

신기한 사실 루서 버뱅크는 프랑스, 영국, 포르투갈의 들국화와 아시아의 바닷가에서 피어나는 선국화를 교배해서 만든 샤스타데이지를 1901년 처음 소개했어. 그전까지 무려 17년 동안 연구와 실험을 계속했지. 색상 감각이 무척 뛰어났던 루서 버뱅크는 다른 색이 하나도 섞이지 않은 선명하고 새하얀 국화를 만들려고 했거든. 또 일찍 꽃을 피워 오랫동안 볼 수 있고, 꽃이 크고, 줄기가 매끄러운 완벽한 정원 식물을 만들고 싶어 했다고 해.

샤스타데이지의 아버지
루서 버뱅크

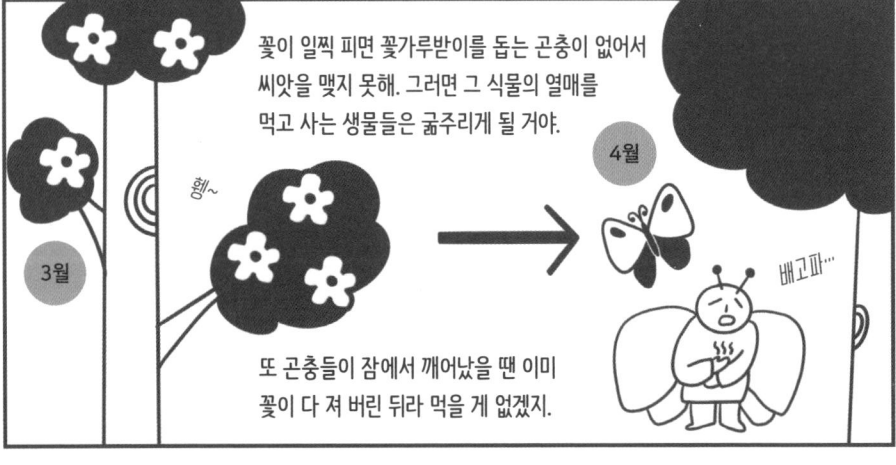

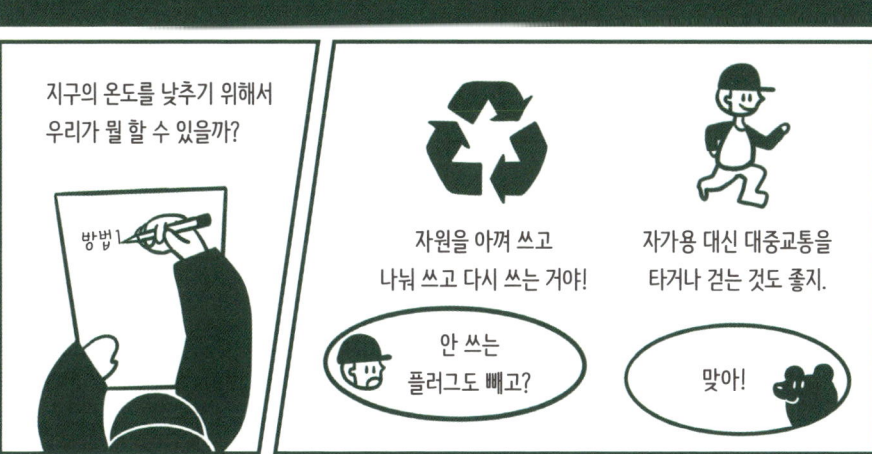

서양톱풀 *Achillea millefolium* L.

- 국화과
- 꽃 피는 때 : 6~9월
- 발견할 수 있는 장소 : 공원 화단, 식물원 정원

속명 *Achillea*는 《그리스 신화》 속 영웅 아킬레우스의 이름에서 유래되었어. 아킬레우스가 병사들의 상처를 치료할 때 사용했다고 해서 '병사의 약풀'로 불렸대. 우리나라에서는 잎 가장자리가 마치 톱니처럼 세세하게 갈라져 있는 데다 서양에서 들어온 톱풀이라서 서양톱풀이라고 부르지.

식물의 특징 유럽에서 건너온 서양톱풀은 벌과 나비에게 꽃과 꿀을 아낌없이 주는 '밀원 식물'이라서 정원사들이 무척 좋아하지. 원래는 노란색과 흰색 꽃뿐이었는데, 개량하면서 분홍색, 빨간색, 연보라색 등 다양한 색깔의 꽃을 피우게 됐어.

재밌는 사실 서양톱풀과 관련된 재미있는 미신이 많아. 영국에는 서양톱풀을 현관 앞에 심으면 악령과 불운이 집 안에 들어오지 못한다는 미신이 전해진대. 중세 시대에는 베개 밑에
서양톱풀을 넣고 잠들면 진정한 사랑에 관한 꿈을 꾼다고 믿었고. 중국에서는 톱풀 줄기를 말려서 만든 막대 50개를 던져 그 모양을 보고 미래를 점쳤다고 해. 또 마녀들이 이 풀을 많이 사용해서 '악마의 징닌감'이라는 별명이 붙었다나?

건강한 사실 지혈 효과가 있어서 아메리카 원주민들은 코피를 멈추려고 서양톱풀을 코 속에 넣기도 했대. 염증을 다스리는 효과도 있는데, 프랑스에서는 연장에 다친 상처를 치료하는 데 쓰여서 '목수의 풀'이라고도 불리지.

수선화 *Narcissus* L.

구근(알뿌리)

- 수선화과
- 꽃 피는 때 : 12~3월
- 발견할 수 있는 장소 : 공원 화단, 정원, 꽃집

'수선'의 한자를 풀이하면 '물에 사는 신선'을 뜻하지. 속명 Narcissus는 《그리스 신화》에 나오는 소년 나르키소스의 이름에서 온 거야. 나르키소스는 물속에 비친 아름다운 자기 모습에 반해 따라가다가 물에 빠져 죽었는데, 그 자리에 수선화가 피어났다는 전설이 얽혀 있거든.

하, 나한테 빠져든다.

식물의 특징 지중해 연안과 북아프리카가 고향인 수선화는 16세기 이후 유럽에서 정원 식물로 주목받기 시작했어. 다양한 품종이 만들어져서 지금은 그 종류가 수만 가지나 된다고 해. 노란색 꽃이 대표적이지만, 제주도 자생종은 흰색 꽃잎 속에 노란색 꽃잎이 황금빛 잔처럼 피어 있지. 그래서 '금잔옥대'라고 불려.

신기한 사실 꽃의 크기에 비해 줄기가 가는데, 세찬 바람에도 줄기가 꺾이거나 꽃이 떨어지지 않아. 줄기가 나선형으로 꼬여 있고 단면은 길쭉한 타원형이어서, 바람이 불면 꽃이 바람을 등지며 회전할 수 있어서래. 줄기가 원통형인 식물보다 바람의 영향을 적게 받는 거야.

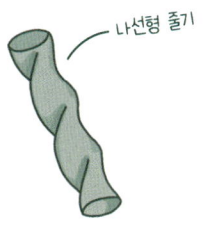

나선형 줄기

재밌는 사실 조선 시대 선비들에게 사랑받은 꽃이야. 왕실, 양반집에서나 볼 수 있던 '책가도'라는 그림에 수선화가 빠짐없이 등장하지. 당시 한양에서는 수선화가 무척 귀했는데, 제주도에서는 사람들이 수선화를 잡초로 여겨 뽑아 버리고 심지어 말에게 먹였대. 제주도로 유배를 간 추사 김정희가 그 모습을 보고 매우 놀랐다지?

책가도 속 수선화

아프리카봉선화 *Impatiens walleriana* Hook. f.

- 봉선화과
- 발견할 수 있는 장소 : 도로 화단, 꽃집
- 꽃 피는 때 : 6~9월

속명 *Impatiens*는 '참을성이 없다'는 뜻이야. 이 속에 속한 식물은 씨앗 꼬투리를 톡 건드리면 꼬투리가 갈라지며 폭발하듯 씨앗이 튕겨 나가는데, 그 모습이 참을성이 없어 보였던 모양이야.

식물의 특징 동부 아프리카가 고향으로, 꽃을 찧어 손톱을 물들이는 우리나라 봉선화와 친척이야. 초여름부터 가을까지 빨간색, 주황색, 분홍색, 흰색, 보라색 등 화려한 꽃을 피워. 도톰한 다육질 줄기와 잎은 힘을 조금만 주어도 쉽게 똑 꺾여. 따뜻한 기온에서는 사시사철 꽃을 피우고 그늘에서도 잘 자라. 또 공해에 강해서 도시에서 잘 살아남지.

신기한 사실 아프리카봉선화와 친척 식물들의 꽃은 처음에는 수꽃이었다가 암꽃으로 바뀌어. 정확히 말하면 꽃 하나에 암술과 수술이 있지만, 수술이 먼저 생겨나 수명을 다할 때쯤 암술이 생겨나기 때문에 같은 꽃에서 꽃가루받이가 되지는 않지.

재밌는 사실 아프리카봉선화를 오늘날 우리가 아는 형태로 개량한 인물은 미국 원예학자 클로드 호프야. 이름도 없던 잡초가 멋진 정원 식물로 탈바꿈하자 전 세계의 정원과 화단에서 사랑받았지. 그런데 2013년 아프리카봉선화에 치명적인 곰팡이병이 퍼졌어. 치료법을 찾지 못하자 농장에서는 더 이상 아프리카봉선화를 키우지 않았고, 50년간 이어졌던 인기도 사그라들었지. 사람들은 아프리카봉선화와 비슷한 뉴기니봉선화를 키우기 시작했어. 지금 우리가 보는 아프리카봉선화는 곰팡이병에 면역이 있는 품종으로 개량된 거야.

아프리칸메리골드 *Tagetes erecta* L.

- 국화과
- 꽃 피는 때 : 6~10월
- 발견할 수 있는 장소 : 도로 둥근 화단, 학교 화단, 공원 화단

메리골드는 '성모 마리아의 황금'이라는 뜻이야. 메리골드는 크게 아프리칸메리골드와 프렌치메리골드로 나뉘어. 오랫동안 꽃을 피우는 것을 보고 우리나라에서는 '오래 산다'는 뜻을 담아 아프리칸메리골드에는 천수국, 프렌치메리골드에는 만수국이라는 정식 이름을 붙였어.

식물의 특징 아프리칸메리골드는 프렌치메리골드에 비해 키가 커. 둘 다 봄에 모종을 심으면 여름 장마 전까지 꽃을 피워. 장마 전에 줄기를 잘라 주면 또 꽃을 피우기 때문에 가을까지도 꽃을 감상할 수 있지. 두 품종은 이름과 달리, 멕시코와 과테말라가 고향이야. 아프리카메리골드는 유럽에 처음 수출될 때 아프리카를 거쳤기 때문에, 프렌치메리골드는 단순히 프랑스에서 인기가 많아서 붙여진 이름이라고 해.

신기한 사실 텃밭에 토마토, 무와 함께 메리골드를 심기도 해. 메리골드의 냄새를 싫어하는 벌레와 토끼, 사슴 같은 동물들에게서 농작물을 보호할 수 있거든. 이렇게 함께 심은 식물에게(또는 서로에게) 도움을 주는 식물을 '동반 식물'이라고 해

재밌는 사실 멕시코 사람들은 메리골드의 주황색과 향기가 죽은 자의 영혼을 가족과 친구들 곁으로 데려온다고 믿는대. 그래서 '죽은 자들의 날'이 되면 메리골드로 길을 꾸미고 제단을 장식하지. 애니메이션 〈코코〉에서 영혼들이 지나는 길에 깔린 꽃이 바로 메리골드야!

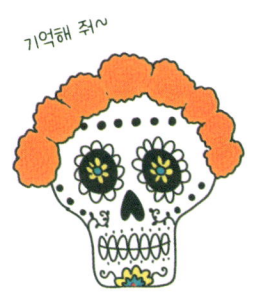

일일초 *Catharanthus roseus* (L.) G.Don

- 협죽도과
- 꽃 피는 때 : 6~9월
- 발견할 수 있는 장소 : 도로 화단, 꽃집

꽃 하나의 수명은 짧지만, 가을까지 날마다 끊임없이 새로운 꽃을 피워서 붙은 이름이야. 속명 *Catharanthus*는 '순수한 꽃'이라는 뜻의 그리스어에서 유래했어. 중국에서는 이른 봄에 피기 시작해 오래오래 꽃을 볼 수 있다고 해서 '장춘화'라고 부른대.

식물의 특징 아프리카의 마다가스카르가 고향이야. 열대 지방에서 온 식물이라 우리나라 여름의 고온다습한 기후에도 잘 견뎌서 도시에서 키우기 적합해. 원래는 여러해살이 식물이지만, 우리나라에서는 추운 겨울을 나지 못해서 한해살이 식물로 여겨져. 자주색, 빨간색, 분홍색, 흰색 등의 꽃을 피우지.

신기한 사실 원래 마다가스카르에는 8종의 일일초 친척 식물들이 있었어. 그런데 과거에 프랑스가 마다가스카르를 식민지로 삼았을 때 일일초만 프랑스로 가져가 원예 식물로 이용한 거야. 이렇게 재배되고 개량되며 일일초는 전 세계로 퍼져 나갔지. 반면 마다가스카르에 남겨졌던 친척 식물들은 멸종 위기에 처했다고 해. 마다가스카르 사람들이 밭을 일구기 위해 산에 불을 냈기 때문이야.

건강한 사실 마다가스카르 원주민들은 일일초를 이용해 말벌에 쏘인 상처나 눈의 염증 등을 치료했대. 연구자들은 일일초의 잎에 들어 있는 빈크리스틴, 빈블라스틴이라는 두 물질이 암세포가 늘어나는 걸 막아 준다는 사실을 밝혀냈고 마침내 항암제를 개발했지. 정원에 핀 아름다운 꽃이 암을 치료하다니, 정말 놀라워!

아프리카의 마다가스카르에서만 자라던 일일초는
세계의 정원에 심겼는데, 훗날 정원을 탈출해서
세계적인 잡초가 되었고.

일일초

내 고향!

마다가스카르

도시 식물뿐만이 아니야.
식량, 목재와 함께 우리나라로
우연히 들어온 식물 중에는

살던 곳을 탈출해서 기존 생태계를
어지럽히는 식물이 있어.

자생 식물이 살아가는 보금자리를 뺏는 이런 식물들을
'침입 외래 식물'이라고 불러.

꽃양귀비   서양금혼초   수레국화

멈춰!

그럼 이 식물들을
막으려면 어떻게 해야 해?

쉽진 않지만…

정해진 곳에서만 자랄 수 있게 관리하고,
다른 곳으로 퍼진 식물이 있다면 제거해야 해.
계속 노력해야 하는 일이지.

탈출하자!

제거 중

정원 구역

외래 식물을
기를 때는 항상
조심해야겠네.

그렇지.
책임감이 필요해!

제라늄 *Pelargonium inquinans* (L.) L'Hér

- 쥐손이풀과
- 꽃 피는 때 : 6~9월
- 발견할 수 있는 장소 : 도로 화단, 집 베란다, 꽃집

제라늄은 '학'을 뜻하는 그리스어 'geranos'에서 온 이름이야. 씨앗을 감싸고 있는 꼬투리가 기다란 학의 부리랑 닮았거든. 속명 *Pelargonium*은 '황새'를 뜻하는 그리스어 'pelargos'에서 유래됐어.

식물의 특징 우리가 꽃집이나 도로 화단에서 보는 제라늄은 사실 제라늄 속(*Geranium*)이 아닌 펠라고늄 속(*Pelargonium*)이야. 식물 분류학이 발전하기 전에 둘을 구별하지 않고 통틀어 제라늄이라고 부르던 것이 굳어져 오늘날까지 이어진 거지. 펠라고늄 속 식물들은 남아프리카가 고향이라 우리나라에서는 겨울을 나기 힘들어. 베란다에서만 키워야 하지. 또 꽃이 크고 화려해. 반면 북아메리카와 유럽이 고향인 제라늄 속 식물들은 겨울을 날 수 있고 꽃이 더 작아. 또 펠라고늄 속 식물과 달리, 꽃 중앙을 중심으로 꽃들이 서로 대칭을 이루지. 우리 책에 있는 식물은 이름만 제라늄일 뿐 펠라고늄 속 식물이야.

신기한 사실 제라늄은 꼬투리가 빠르게 갈라지면서 씨앗을 멀리 튕겨 내. 펠라고늄의 씨앗은 꼬리가 스프링처럼 말려 있어. 비가 와서 습도가 높아지면 스프링이 돌아가면서 씨앗이 땅에 파고들어. 남아프리카의 건조한 땅에서 자손을 퍼뜨리는 전략인 거지.

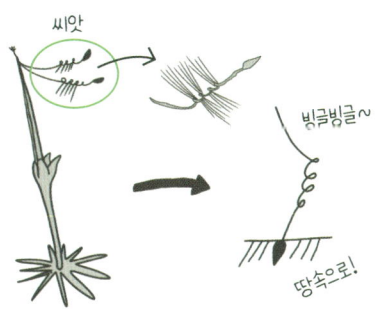

펠라고늄 씨앗의 생존법

건강한 사실 흔히 '구문초'라고 불리는 그라베올렌스제라늄은 모기 쫓는 풀로 유명해. 잎을 꺾거나 문지르면 강한 냄새가 풍기는데, 벌레들은 그 냄새가 독하다고 느낀다는 거야. 인간에겐 천연 방충제인 셈이지!

콜레우스 *Plectranthus scutellarioides* (L.) R.Br.

- 꿀풀과
- 꽃 피는 때 : 6~10월
- 발견할 수 있는 장소 : 도로 화단, 도로 둥근 화단, 식물원 정원

콜레우스는 '칼집'이라는 뜻의 그리스어 'koleos'에서 온 이름이야. 수술이 하나로 합쳐져 나 있는 모습이 칼집 같아서 그런 걸까? 네덜란드 식물학자 카를 루트비히 폰 블루메가 인도네시아 자바섬을 여행하다가 처음 발견하고 붙여 준 이름이라고 해.

식물의 특징 식물 분류학이 본격적으로 연구되면서 *Plectranthus* 속으로 분류되었지만, 여전히 콜레우스라고 불려.(앞서 소개한 제라늄도 그랬잖아!) 콜레우스는 꽃보다는 잎을 감상하는 식물이야. 잎이 훨씬 화려하거든. 그래서 잎으로 가야 할 양분이 꽃으로 가는 걸 막기 위해 꽃을 따 버리는 경우가 많지. 하지만 꽃에 꿀이 많아서 벌들에게는 인기가 많다는 사실! 줄기 단면이 네모 모양인데, 이건 꿀풀과 식물의 특징이야.

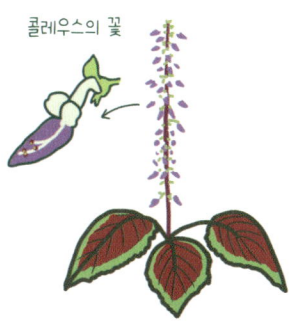

콜레우스의 꽃

재밌는 사실 1800년대에 유럽과 미국에 소개되었는데 '빅토리아 시대'로 전성기를 누리던 영국에서 특히 콜레우스 열풍이 불었다고 해. 창문을 장식하거나, 응접실과 침실에 놓고 키울 정도였지. 귀족들 사이에서는 잔디 대신 콜레우스를 빽빽하게 심는 정원이 유행했어. 창문이나 발코니에서 내려다본 정원은 화려한 무늬로 장식된 카펫을 깔아 놓은 것처럼 보였겠지? 너도나도 콜레우스를 심고 싶어 하자 콜레우스의 씨앗값이 치솟았대. 그 유행이 시들해지고 나서야 일반 사람들도 정원에서 콜레우스를 심을 수 있었어.

콜레우스를 이 정도는 심어야 정원이죠.

패랭이꽃 *Dianthus chinensis* L.

- 석죽과
- 꽃 피는 때 : 5~10월
- 발견할 수 있는 장소 : 아파트 화단, 공원 화단, 담장 아래

꽃의 모양이 조선 시대에 썼던 모자 종류 중 하나인 패랭이를 뒤집은 모습을 꼭 닮았다고 해서 패랭이꽃이라고 해. '바위 위의 대나무꽃'이라는 뜻의 '석죽화'라고도 불려. 석죽과 식물은 대나무처럼 줄기의 마디마디가 부풀어 있거든!

식물의 특징 여러해살이 식물로, 초여름부터 가을까지 꽃이 피어. 보라색에 가까운 분홍색 꽃잎 안쪽에 더 짙은 색의 무늬가 선명하게 나 있지. 품종에 따라서 꽃잎과 무늬의 색은 천차만별이지만, 꽃잎 5장의 거치가 잘게 갈라진다는 공통점이 있어. 거치는 식물의 잎이나 꽃잎

가장자리에 톱니처럼 베어져 들어간 자국을 말해. 친척인 술패랭이꽃은 거치가 아주 깊게 갈라져서 꼭 방석 끝에 달려 있는 술처럼 보여.

신기한 사실 패랭이꽃과 헷갈리는 대표적인 식물이 있어. 바로 스승의 날이나 어버이날에 선물하는 카네이션과 꽃잔디야. 카네이션은 패랭이꽃을 개량한 품종이야. 그래서 마디가 부푼 줄기와 가장자리가 깊게 갈라진 꽃잎의 특징을 모두 볼 수 있지. 다른 점이 있다면 카네이션은 꽃잎이 여러 겹으로 이루어진 겹꽃이라는 거야. 꽃잔디는 줄기가 잔디처럼 땅바닥을 덮으며 자라는 '지피 식물'인데, 5장의 진한 분홍색 꽃잎이 패랭이꽃의 꽃잎과 닮아 '지면패랭이꽃'이라고도 불려. 하지만 잎과 줄기의 모양이 다르고 꽃고비과에 속하는 식물이지.

팬지   *Viola tricolor* L.

- 제비꽃과
- 꽃 피는 때 : 3~5월, 9~10월
- 발견할 수 있는 장소 : 도로 둥근 화단, 건물 앞 화단, 공원 화단

'생각'이라는 뜻의 프랑스어 '팡세(pensée)'에서 따온 이름이야. 땅 쪽으로 고개를 살짝 숙인 꽃이 생각에 잠긴 사람처럼 보여서 붙은 이름이라고 해. 흰색, 보라색, 노란색 꽃이 피기 때문에 우리나라에서 부르는 정식 이름은 삼색제비꽃이야.

식물의 특징 봄철 화단에서 흔히 볼 수 있어. 꽃의 색깔이 다채롭고 병해충에 강해서 화단에 많이 심거든. 꽃잎은 5개인데 위쪽에 큰 잎 2장, 아래쪽에 작은 잎 3장이 달려 있어. 꽃의 색깔은 흰색, 보라색, 노란색이 기본이지만, 요즘은 주황색, 분홍색, 푸른색 등으로 더 다양해졌어. 줄기 하나에 2가지 색이 섞인 꽃이 피기도 해. 무늬가 있는 꽃의 경우 대개 위쪽과 아래쪽 꽃잎의 색깔이 다르고, 위쪽 2장에는 무늬가 없지. 한해살이 식물 중에서 추위에 강한 편이라 영하 5도까지 견딜 수 있대.

재밌는 사실 셰익스피어의 희곡 〈한여름 밤의 꿈〉에는 팬지가 사랑의 묘약으로 등장해. 팬지는 원래 흰색이었는데, 사랑의 상징인 큐피드의 화살을 맞고 보랏빛으로 변했다는 기야. 이렇게 물든 팬지의 즙을 자는 사람의 눈꺼풀에 바르면, 그 사람이 눈을 뜨자마자 처음 보는 사람을 무조건 사랑하게 되고. 이야기 속에서 요정들의 여왕 티타니아는 팬지의 즙 때문에 괴물처럼 변한 남자를 사랑하게 되었지 뭐야!

맛있는 사실 팬지는 대표적인 식용 꽃이야. 색이 잘 변하지 않아서 음식을 장식하는 데 자주 사용돼. 향과 꿀 때문에 첫맛은 조금 달콤하고 그 뒤에는 살짝 톡 쏘는 맛이 느껴진대!

페튜니아

Petunia × *hybrida* E.Vilm.

- 가지과
- 꽃 피는 때 : 5~10월
- 발견할 수 있는 장소 : 도로 화단, 가로수 화분, 공원 화단, 꽃집

남아메리카 원주민 언어로 '가치가 없는 담배'라는 뜻의 'petun'에서 이름이 유래했다고 해. 실제로 같은 가지과 식물인 담배의 꽃과 아주 비슷하게 생겼어. 나팔꽃을 닮아서 북한에서는 '애기나팔꽃'이라고 부른대.

식물의 특징 꽃의 색깔은 자주색, 분홍색, 보라색, 흰색, 노란색이 기본이야. 꽃의 가운데 부분으로 갈수록 어두운색으로 변하거나 다양한 무늬가 난 꽃들도 있어서 화단을 장식하기에 안성맞춤이지. 전 세계에서 가장 많이 심는 원예용 꽃이라고 해. 바구니에 심어 놓으면 트럼펫 모양의 꽃들이 자연스럽게 바깥쪽을 향해 흔들려. 그 모습이 예뻐서 다리 난간이나 도로 옆 가로수, 전봇대에 꽃바구니 형태로도 많이 걸어 두지. 보통 곤충의 도움 없이 바람을 이용해 꽃가루를 옮기지만, 나방을 끌어들이기 위해 밤에 향기를 내뿜는 페튜니아 종류도 있대!

신기한 사실 우리가 도시에서 보는 건 대부분 홑꽃 페튜니아지만, 겹꽃 페튜니아도 있어. 겹꽃 페튜니아는 원래 암술이 빨리 퇴화해서, 씨앗으로 번식할 수 있는 품종으로 개량하기가 쉽지 않았어. 전 세계에서 많은 회사가 시도했지만 번번이 실패했을 정도지. 그런데 세계 최초로 암술과 수술이 모두 남아 있는 겹꽃 페튜니아를 만드는 데 성공한 사람이 우리나라에 있어. 바로 육종학의 아버지로 불리는 우장춘 박사야! 우장춘 박사가 개발한 겹꽃 페튜니아는 아주 높은 가격에 미국과 유럽으로 팔렸다고 해.

찾아보기

ㄱ

가로수	10, 26, 38-39, 42-43, 50-51, 55, 62-63, 70, 73, 96, 132-133
가이즈카향나무	16-17
가자니아	76-77, 122
가지과	132-133
개양귀비	83
국화과	35, 76, 88, 94, 104-105, 108, 112, 118
금어초	78-79, 86, 97
꽃가루받이	37, 41, 103, 110, 117
꽃베고니아	80-81
꽃양귀비	82-83, 122-123
꽃양배추	84-85
꽃자루	45
꿀풀과	92, 106-107, 126-127

ㄴ

남천	18-19
노박덩굴과	42, 68-69
녹비 작물	97

ㄴ (느)

느릅나무과	20
느티나무	20-21

ㄷ

단풍나무	22-23
단풍나무과	22-23
대롱꽃	95
데이지	86, 88-89
동반 식물	119
두상화서	95
디기탈리스	90-91

ㄹ

라일락	24-25, 67, 75
로즈마리	92-93
루드베키아	94-95
루피너스	96-97
리기다소나무	28-29

ㅁ

만수국	119
매자나무과	18
맨드라미	100-101
메타세쿼이아	30-31
명명자	14-15

목련과	36, 40
무궁화	32-33
물망초	102-103
물푸레나무과	24, 60, 66-67
밀원 식물	113

ㅂ

배롱나무	34-35
배추과	84
백목련	36-37
백묘국	104-105
백합나무	40-41
버즘나무과	54
베고니아과	80
봉선화과	116
부처꽃과	34
비름과	100
뿌리혹박테리아	73, 97

ㅅ

사철나무	42-43, 69, 85
사철베고니아	81
산수유	44-45
산철쭉	46-47
살비아	107

삼색제비꽃	131
상록수	43, 71, 85
샐비어	106-107, 127
생물 자원	74-75
샤스타데이지	108-109
서양수수꽃다리	25
서양측백	48-49
서양톱풀	112-113
석죽과	128-129
설상화	95
소나무과	28, 52-53
속명	14-15, 25, 55, 61, 65, 85, 89, 91, 93, 95, 97, 113, 115, 117, 121, 125
수꽃	54, 64, 81, 117
수선화	14, 114-115
수선화과	114
수잔루드베키아	95
스트로브잣나무	52-53

ㅇ

아욱과	32
아프리카봉선화	116-117

찾아보기

아프리칸메리골드 118-119
암꽃 52, 54, 81, 117
양귀비과 82
양버즘나무 54-55, 62
여러해살이 식물 77, 89, 105, 121, 129
온실 77, 99
왕벚나무 56-57
울타리 11, 17-18, 33, 42-43, 48-49, 66-68, 70
원예 식물 10-11, 91, 109, 121-122
은행나무 58-59
은행나무과 58
이팝나무 60-61
일일초 120-121, 123

ㅈ

자생종 25, 115
장미과 56-57
정원 11, 22, 24, 28, 44, 49, 66, 74, 78, 82, 86-87, 90, 92, 94, 96, 104-105, 107, 109, 112, 114-115, 117, 121, 123, 126-127
제라늄 124-125, 127
제비꽃과 130
조경 식물 10-11
조경수 17, 25, 41, 45, 61, 73
종소명 14, 29, 49, 53, 85, 95
주목 64-65
주목과 64
쥐똥나무 66-67
쥐손이풀과 124
지구 온난화 9, 35, 41, 53
지치과 102
진달래과 46

ㅊ

천수국 119
총상화서 79, 97, 107
측백나무과 16, 30, 48
층층나무과 44
침입 외래 식물 123

콜레우스	126-127		82, 84-86, 88, 90, 92, 94, 96, 99-100, 102, 104, 106, 108-109, 112, 114, 116-118, 120, 124-126, 128, 130-133
콩과	72, 96-97		

ㅌ

태양국	77
통상화	95
튤립나무	41

ㅍ

패랭이꽃	128-129
팬지	86, 130-131
페튜니아	86, 132-133

ㅎ

학명	3, 14-15, 41, 107
한해살이 식물	89, 131
허니 가이드	46-47, 90-91, 103
혀꽃	95, 109
현삼과	78
협죽도과	120
화단	6, 16, 22, 24, 28, 32, 34, 36, 44, 46, 52-53, 64, 70, 76, 78, 80-

화살나무	68-69
회양목	43, 70-71, 85
회양목과	70
회화나무	72-73

139

출발! 초대받은 식물 찾아 한 바퀴
도시 나무·꽃 탐험대

초판 1쇄 인쇄 2023년 10월 15일
초판 1쇄 발행 2023년 10월 30일

지은이 손연주, 박민지, 안현지 세밀화 김홍희 감수 김완순
발행인 양원석 발행처 (주)알에이치코리아(등록 2004년 1월 15일 제2-3726호)
본부장 김문정 편집 박진희, 김하나, 정수연, 고한빈 디자인 김태윤
해외저작권 임이안, 이시자키 요시코
영업마케팅 안병배, 이지연, 정다은 제작 문태일, 안성현
주소 서울시 금천구 가산디지털2로 53, 20층(한라시그마밸리)
편집 문의 02-6443-8921 도서 문의 02-6443-8800 홈페이지 rhk.co.kr
블로그 blog.naver.com/randomhouse1 포스트 post.naver.com/junior_rhk
인스타그램 @junior_rhk 페이스북 facebook.com/rhk.co.kr

ⓒ 손연주, 박민지, 안현지 2023
이 책은 저작권법에 의해 보호받는 저작물이므로 무단 전재와 복제를 금합니다.

ISBN 978-89-255-7586-5 (74480)
   978-89-255-2418-4 (세트)

※ 제조자명 (주)알에이치코리아 | 제조국명 대한민국 | 사용연령 8세 이상
※ 종이에 손이 베이거나 모서리에 다치지 않게 주의하세요.
※ 잘못 만들어진 책은 구입하신 곳에서 바꾸어 드립니다.
※ KC마크는 이 제품이 공통안전기준에 적합하였음을 의미합니다.